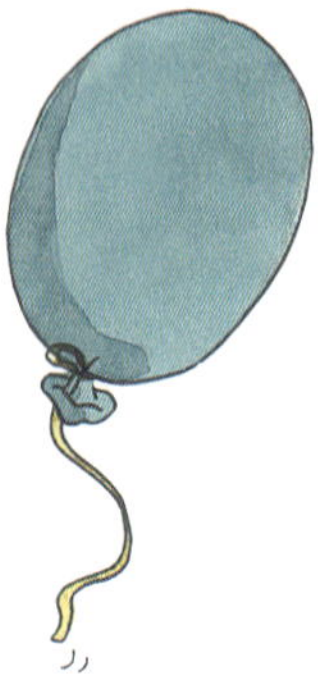

Sach-
geschichten

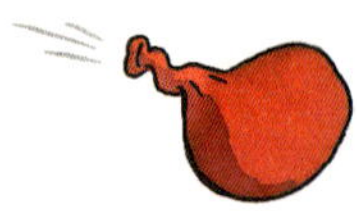

Nach den seit 1.8.2006 verbindlichen Rechtschreibregeln.

Bibliografische Information der Deutschen Nationalbibliothek
Die Deutsche Nationalbibliothek verzeichnet diese Publikation
in der Deutschen Nationalbibliografie;
detaillierte bibliografische Daten sind im Internet
über http://dnb.ddb.de abrufbar.

Redaktionelle Leitung: Eva Günkinger
Redaktion: Katja Schüler
Autorinnen: Sabine Rahn (Texte), Ulrike Holzwarth-Raether und
Dorothée Pfirrmann (Wörterlisten, „bunte Seiten"), Alexandra Thiel
(methodischer Teil)
Herstellung: Claudia Rönsch
Layout und Satz: Michelle Vollmer, Mainz
Illustrationen: Stefanie Scharnberg, Barbara Scholz
Umschlaggestaltung: Mischa Acker
Druck und Bindung: Firmengruppe Appl, Wemding
Printed in Germany

ISBN 978-3-411-04496-2

Duden

Sach-

geschichten

Mit Themenwortschatz für die Grundschule

Dudenverlag
Mannheim · Leipzig · Wien · Zürich

Ein Buch für alle Fälle!

Dieses Buch ist etwas ganze Besonderes, denn du kannst es auf dreierlei Art benutzen: als Sachbuch, als Lesebuch und als Wörterbuch. Du findest darin 36 Themen, die du sicherlich auch aus dem Sachunterricht kennst. Die Farben zeigen dir, welche Themen zusammengehören.

Jeder Themenbereich beginnt mit einer kurzen Sachgeschichte. Sie enthält viele Informationen, über die du mit anderen **sprechen** und **diskutieren** kannst. Die dazugehörige „bunte Seite“ bietet dir weitere spannende Informationen, Rätsel und Anregungen zum Weiterdenken. Dabei kannst du viele Infos auch aus den witzigen Illustrationen heraus**lesen.** Die Antworten auf die Fragen kannst du hinten im Buch **nachschlagen.**

Auf jede Geschichte folgt eine Liste mit Wörtern, die zu dem Sachthema passen und die du verwenden kannst, wenn du über das Thema **sprichst** oder **schreibst.** Da es sehr viel mehr Wörter gibt, als in so einem Buch Platz haben, können solche Listen leider nie vollständig sein. Vielleicht hättest du bei manchen Themen auch eine andere Auswahl getroffen. Aber du wirst sehen, dass 100 Wörter manchmal durchaus genügen, um eine besondere Stimmung entstehen zu lassen. Wenn du die Wörtersammlung zum Thema „In Kälte, Eis und Schnee“ durchgehst, wird dir richtig kalt werden, während du beim Lesen der Wörterliste zu „Wüste“ regelrecht ins Schwitzen kommst.

Bestimmt solltest du in der Schule oder als Hausaufgabe schon einmal Fragen zu einem Text beantworten, selbst einen Sachtext verfassen oder sogar einen kleinen Vortrag halten. Das ist gar nicht so einfach. Deshalb bekommst du im Anschluss an die Themenbereiche viele Tipps und Tricks, die dir dabei helfen, solche Aufgaben zu meistern. Die drei Teile **„Texte knacken“**, **„Texte schreiben“** und **„Texte präsentieren“** zeigen dir mit vielen Anleitungen, Übungen und Rätseln zum Beispiel, wie du einen Sachtext genau liest, worauf Du bei der Erstellung eines Plakats achten musst und wie dir die Wörterlisten in diesem Buch dabei helfen, dich sehr genau auszudrücken.

Damit Du auch schnell mal ein Wort **nachschlagen** kannst, von dem du nicht sicher bist, wie man es schreibt, sind alle 3 500 Wörter aus den Wörtersammlungen hinten im Buch noch einmal zusammengefasst und alphabetisch geordnet.

Nun wünschen wir dir viel Spaß beim Schmökern und Entdecken in der bunten Sachgeschichten-Themenwelt!

Inhaltsverzeichnis

Hier und anderswo

Unser Körper

Geld, Computer und Geschäfte

Zeit und Raum

Lebens- und Erlebnisräume

Natur, Technik und Umwelt

Verkehr

Mit Sachtexten umgehen

Wörterliste

Familie und Verwandtschaft

die Kleinfamilie

Manchmal sehen sich
Kinder und Eltern
gar nicht ähnlich.

Es gibt Tierpaare, die ein
Leben lang zusammenbleiben,
z. B. Schwäne.

die Großfamilie

Naturforscher haben überraschende
Verwandtschaftsverhältnisse bei
Tieren entdeckt. Der Fuchs etwa gehört
zur Familie der Hunde, obwohl sich
die beiden überhaupt nicht vertragen.

Wir leben zusammen

Seine Familie kann man sich nicht aussuchen. Die eine Tante mag man mehr, die andere weniger. Auch Geschwister können manchmal nerven und oft kommt es dann zum Streit. Aber normalerweise versöhnt man sich auch ziemlich schnell wieder. Manche Kinder leben mit Eltern und Großeltern – manchmal sogar mit Tanten, Onkels, Nichten und Neffen – als Großfamilie unter einem Dach. Doch die meisten Familien sind kleiner. Viele Kinder wachsen als Einzelkind ohne Geschwister auf. Andere Kinder leben nur mit ihrer Mutter oder ihrem Vater zusammen, zum Beispiel wenn sich die Eltern getrennt haben. Wenn alleinerziehende Mütter oder Väter dann mit einem neuen Partner zusammenziehen, wird die Familie wieder größer. Zum Glück haben Stiefmütter und Stiefväter nur im Märchen so einen schlechten Ruf. Oft bringen sie noch eigene Kinder mit, sodass eine große, neue Familie entsteht.

adoptieren
das Adoptivkind
ähnlich
die Ähnlichkeit
alleinerziehend
alt
das Baby
beerdigen
die Beerdigung
die Braut
der Bräutigam
das Brautpaar
der Bruder
der Cousin
die Cousine
die Ehe
die Ehefrau
der Ehemann
einander helfen

die Erbschaft

das Einzelkind
die Eltern
der Enkel
die Enkelin
erben
die Erbschaft
die Erinnerung

erwachsen
der Erwachsene
erziehen
die Erziehung
die Familie

das Heimweh

das Familienfest
der Familienname
feiern
die Geburt
der Geburtstag
die Geburtsurkunde
die Generation
geschieden
die Geschwister
die Großeltern
die Großfamilie
die Großmutter
der Großvater
der Halbbruder
die Halbschwester
das Heimweh
heiraten
die Hochzeit
jung
das Kind
das Kindergeld
kinderlos

kinderreich
die Kindheit
die Kleinfamilie
sich kümmern
ledig
sich lieben
die Mutter
der Neffe
die Nichte
die Oma
der Onkel
der Opa
sich scheiden lassen
die Scheidung
der Schwager
die Schwägerin
die Schwester
die Schwiegermutter
der Schwiegervater
der Single
der Sohn
sich sorgen
das Sorgerecht
sterben
die Stiefmutter
der Stiefvater
der Streit
streiten

die Tante
teilen
das Testament
die Tochter
der Tod
die Trauer
sich trennen
Unterhalt zahlen
die Urgroßmutter
der Urgroßvater
der Vater
vererben

verheiratet
verlobt
die Verlobung
sich versöhnen
sich vertragen
sich vertrauen
verwaist
verwandt
die Verwandtschaft
der Vorfahre
die Waise
die Witwe
der Witwer
das Zuhause

Wo wir wohnen

WIE SIEHT DEIN TRAUMHAUS AUS?

Alle Menschen brauchen ein Zuhause.

Manche reisen mit Sack und Pack umher.

… oder suchen Schutz vor Wind und Wetter.

Andere wollen keine nassen Füße kriegen …

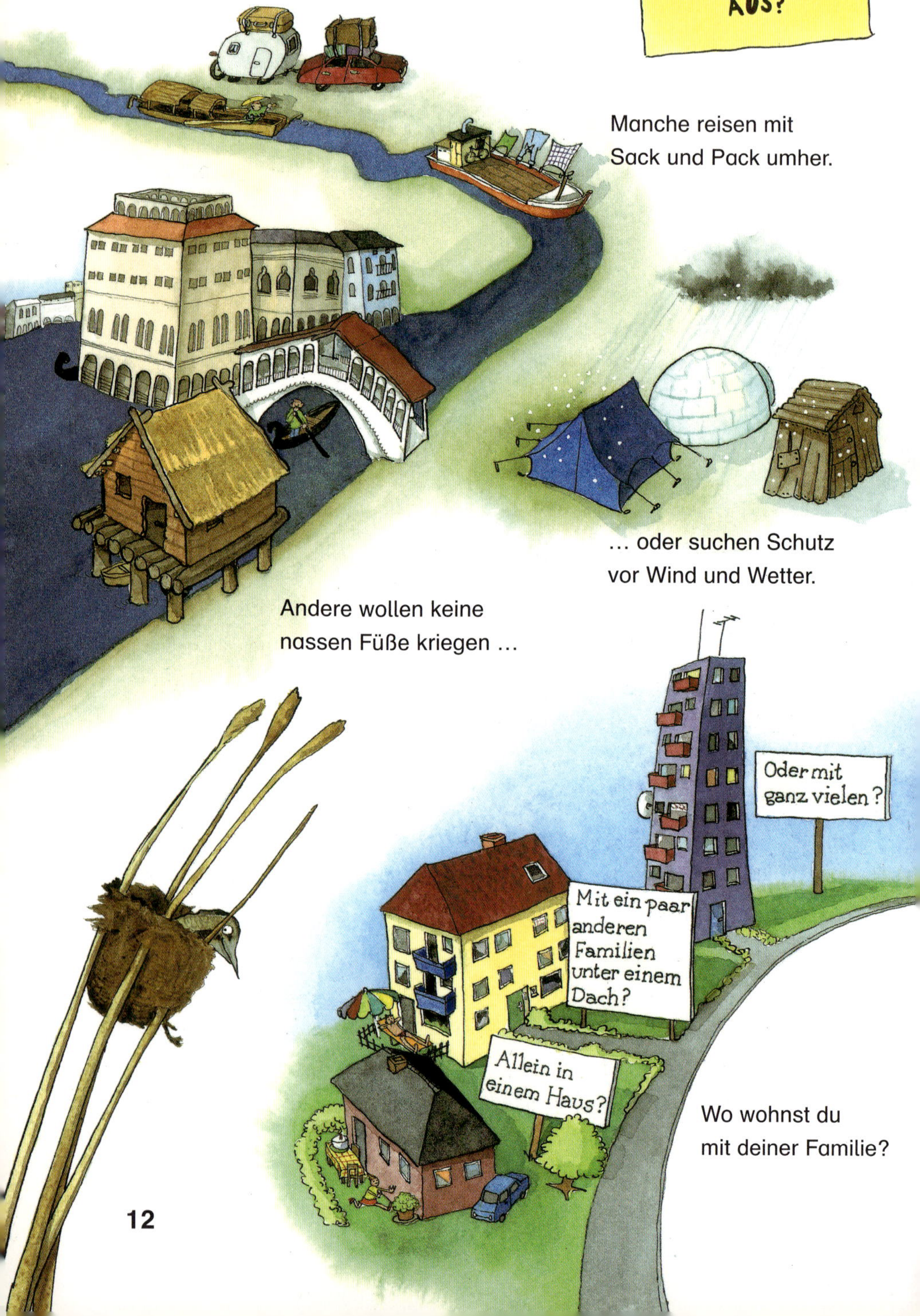

Wo wohnst du mit deiner Familie?

Ein Dach über dem Kopf

Sein Traumhaus stellt sich jeder anders vor: Der eine möchte in einem riesigen Wolkenkratzer wohnen, der andere in einer schicken Villa am Stadtrand. Und wieder andere würden am liebsten ein geräumiges Baumhaus nur für sich alleine haben. Die erste eigene Wohnung ist meistens ziemlich klein. Wenn Paare eine Familie gründen und Kinder bekommen, wünschen sie sich oft mehr Platz, zum Beispiel in einem Haus mit Garten. Alte Menschen ziehen manchmal aus ihren großen Wohnungen in Seniorenheime. Dort müssen sie nicht unbedingt selbst einkaufen, kochen und putzen. Und wenn sie krank sind, werden sie gepflegt. Es gibt auch Menschen, die gar keine Wohnung haben. Wohnsitzlose schlafen manchmal auf Parkbänken oder in Hauseingängen. Im Winter, wenn es zu kalt ist, um im Freien zu schlafen, können sie in Wohnheimen übernachten. Die gibt es heute in allen größeren Städten.

der Abstellraum
der Altbau
das Apartment
der Architekt
die Architektin
aufräumen

ausziehen
das Badezimmer
der Balkon
das Baumhaus
beengt
das Bett
der Campingplatz
das Dach
die Eigentumswohnung
das Einfamilienhaus
sich einrichten
die Einrichtung
einziehen
das Erdgeschoss
das Esszimmer
das Fachwerkhaus
der Fahrstuhl
das Fenster
das Ferienhaus
der Flur (die Diele)

der Fußboden
die Garage
die Garderobe
die Gardine
der Garten
das Gästezimmer
das Gefängnis
gemütlich
geräumig
der Giebel
der Hausmeister
die Hausnummer
die Hausordnung
die Heizung
der Hobbyraum
das Hochhaus
die Höhle
das Hotel
die Hütte
das Iglu
die Jugendherberge
der Kamin
der Keller
das Kinderzimmer
die Küche
die Lampe
das Mehrfamilienhaus
die Miete
mieten
der Mietvertrag
die Mietwohnung

die Wohn-
gemein-
schaft

die Möbel
möbliert
der Nachbar
die Nachbarin
die Nachbarschaft
der Neubau
das Neubaugebiet
die Parkbank
der Pfahlbau
praktisch
das Regal
das Reihenhaus
renovieren
das Schlafzimmer
der Schrank

das
Seniorenheim

das Seniorenheim
der Sessel
die Siedlung
das Sofa
der Speicher
das Stockwerk
der Stuhl
die Terrasse
der Tisch
die Toilette (das Klo)
das Treppenhaus

die Tür
umziehen
der Umzug
die Unterkunft
vermieten
die Villa
der Waschkeller
die Wohnanlage
der Wohncontainer
wohnen
das Wohngebiet
die Wohngemeinschaft
das Wohnheim
wohnlich
das Wohnmobil
der Wohnort
wohnsitzlos
die Wohnung
die Wohnungssuche
der Wohnwagen
das Wohnzimmer
der Wolkenkratzer
das Zelt
zelten
das Zimmer

gemütlich

Unerwünschte Tiere daheim:

Schon mal drüber nachgedacht ...

... was diese tierischen Wörter bedeuten?

hundsgemein
aalglatt
hundeelend
spinnefeind
hamstern
rabenschwarz
Unglücksrabe
saublöd
affengeil
vogelfrei
Affentheater

Früher gab es auf den Jahrmärkten einen Flohzirkus.

Kümmern erlaubt

Viele Menschen halten in ihrer Wohnung ein Tier. Katzen und Hunde zählen mit Abstand zu den beliebtesten Haustieren. Allerdings sind sie nicht überall erlaubt und manche Nachbarn stört das Gebell. Wenn Kanarienvögel oder Wellensittiche zwitschern, kann das auch ganz schön laut werden. Mäuse, Hamster, Meerschweinchen oder Zwergkaninchen darf man in fast jeder Wohnung halten. Und Fische gehören zu den ruhigsten Heimtieren. Manchmal gelingt es sogar, Nachwuchs zu züchten. Aber streicheln kann man Fische leider nicht. Weil Haustiere nicht selbst für sich sorgen können, muss man sich täglich um sie kümmern. Sie brauchen regelmäßig Futter und einen sauberen Käfig oder Stall. Große Hunde rennen und spielen gerne. Sie brauchen viel Auslauf. Hamster dagegen mögen es tagsüber eher ruhig: Am liebsten schlafen sie bis zum Abend und werden erst nachts richtig wach.

Heimtiere

abrichten
anleinen
apportieren
das Aquarium
artgerecht
aufziehen
der Auslauf
ausmisten
aussetzen
beißen
bellen
bürsten

dressieren

dressieren
ernähren
erziehen
fauchen
das Fell
der Fisch
fliegen
der Flügel
fressen
der Fressnapf
das Futter
füttern
das Gefieder
das Halsband

der Hamster
das Haustier
das Heimtier
herumstreunen
das Heu
die Höhle

Junge werfen

der Hund
die Hundehütte
der Hundekuchen
die Hunderasse
die Hundeschule
die Hündin
impfen
der Jagdtrieb
jaulen
das Junge
Junge werfen
der Käfig
der Kanarienvogel
kastrieren
der Kater
die Katze
kläffen
knurren
der Korb
kratzen
die Kreuzung
läufig

das Lebewesen
lecken
das Männchen
der Maulkorb
mausern
das Meerschweinchen

der Mischling
nagen
paaren
der Papagei
pflegen
die Pfote
picken
piepsen
sich putzen
die Ratte
die Rennmaus
das Revier
der Rüde
das Rudeltier
saugen
das Säugetier
scharren
scheu
das Schlafhäuschen
der Schnabel
die Schnauze
schnüffeln
schnurren
der Schwanz
spielen
der Stall
sterilisieren
streicheln
die Streu
der Tierarzt
das Tierheim
die Tierquälerei
die Tollwut
versorgen
verspielt
wedeln
das Weibchen
der Wellensittich
der Welpe
winseln
zahm

die Zitze
die Zoohandlung
die Zucht
züchten
zutraulich
das Zwergkaninchen
der Zwinger

In der Schule

	Montag	Dienstag	Mittwoch	Donnerstag	Freitag
1.	Deutsch	–	–	–	Religion
2.	Deutsch	Sport	–	Sport	Sport
3.	Sachkunde	Mathe	Religion	Deutsch	Mathe
4.	Mathe	Werken	Mathe	Deutsch	Deutsch
5.	Musik	Werken	Deutsch	Mathe	Sachkunde
6.	–	Deutsch	Sachkunde	Kunst	–

Lernen kann man eigentlich fast überall.

…

Wie geht die Reihe weiter?

Lernen kann Spaß machen

Es stimmt, dass man immer und überall etwas lernen kann. Aber in der Schule gibt es Lehrer, die sich ausschließlich dafür Zeit nehmen, ihren Schülern möglichst viele interessante Dinge beizubringen – und das jeden Tag, außer am Wochenende. Besonders gut an der Schule ist natürlich, dass man hier jeden Tag andere Kinder trifft, mit denen man in den Pausen spielen kann – und zwar ganz ohne sich vorher verabreden zu müssen! Denn in die Schule muss schließlich jeder.
Es macht Spaß, gemeinsam mit anderen zu lernen, z.B. bei der Gruppenarbeit, Partnerarbeit oder in einer AG. Schade ist nur, dass man für die Schule immer wieder Hausaufgaben machen muss – auch wenn das Wetter noch so schön ist und man viel lieber rausgehen möchte. Wäre es nicht eine prima Idee, wenn jemand mal eine Hausaufgabenmaschine erfinden würde?

abgucken
die AG
der Anspitzer
das Arbeitsblatt
der Ausflug
basteln
der Computer
der Elternabend
erklären
ermahnen
die Ferien
flüstern
der Förderkurs
die Forscherecke
fragen
die Freiarbeit
der Freund
die Freundin
der Füller
gerecht
die Gesamtschule
die Grundschule
die Gruppenarbeit
das Gymnasium
hänseln
die Hauptschule
die Hausaufgaben
der Hausmeister

das Heft
hitzefrei
die Integrationsklasse
die Klasse
die Klassenarbeit
der Klassendienst
die Klassenfahrt
der Klassenrat
der Klassensprecher
die Klassensprecherin
das Klassenzimmer
der Klebstoff
die Kopie
die Kreide
lachen
sich langweilen

der Lehrer
die Lehrerin
das Lehrerzimmer
lernen
der Lerngang
die Leseecke
lesen
malen
das Mäppchen
sich melden

der Morgenkreis
die Note
der Overheadprojektor
die Partnerarbeit
die Pause
das Pausenbrot
petzen
das Projekt

schwatzen

das Pult
pünktlich
die Realschule
rechnen
Regeln vereinbaren
der Rektor
die Rektorin
die Schere
schreiben
schüchtern
die Schulangst
das Schulbuch
der Schulbus
die Schule
der Schüler
die Schülerbücherei
die Schülerin
das Schulfest

schulfrei
der Schulhof
die Schulklingel
die Schultasche
die Schultüte
schummeln
schwatzen
schwindeln
singen
spannend
zu spät kommen
die Spielecke
spielen
der Sportplatz
der Stift
die Stillarbeit
die Strafarbeit
streiten
streng
der Stundenplan
die Tafel
der Test
turnen
die Turnhalle
ungerecht
der Unterricht
das Zeugnis
zuhören

Fast alle Berufe können heute von Frauen und von Männern ausgeübt werden.

Für manche Berufe braucht man besondere Arbeitskleidung. Sie soll praktisch sein und vor Schmutz oder Gefahren schützen.

Manche Berufe kann man sich ohne die dazugehörige Kleidung gar nicht vorstellen.

Hausarbeit früher und heute

Vom Traumberuf

Astronautin, Pilot, Tierärztin und Profi-Fußballer sind für viele Kinder Traumberufe. Die meisten arbeiten später aber eher als Sekretärinnen, Verkäufer, Beamtinnen, Angestellte, Arbeiter oder als Hausfrauen.
Am besten ist es natürlich, wenn der Beruf, den man ausübt, auch Spaß macht. Genauso wichtig wie der Spaß an der Arbeit ist aber das Geldverdienen. Denn wer arbeitet, bekommt jeden Monat Lohn oder Gehalt auf sein Konto überwiesen. Wenn jemand arbeitslos wird, ist das nicht immer einfach – nicht nur, weil die Familie dann vom Arbeitslosengeld oder von der Sozialhilfe leben muss. Wer lange arbeitslos ist, bekommt oft auch das Gefühl, nicht mehr gebraucht zu werden.
Die meisten Menschen arbeiten tagsüber. Es gibt aber auch viele Berufe, in denen nachts gearbeitet wird: zum Beispiel Bäcker, Krankenpfleger, Arzt, Polizist und Tankwart.

Beruf und Arbeit

Hinweis: Um Platz zu sparen, sind die Berufe entweder nur in der weiblichen oder nur in der männlichen Form angegeben. Kannst du die jeweils andere Form bilden?

anfertigen
die Angestellte
die Arbeit
arbeiten
der Arbeiter
der Arbeitgeber
der Arbeitnehmer
das Arbeitsamt
die Arbeitsagentur
die Arbeitskleidung
arbeitslos
das Arbeitslosengeld
die Arbeitslosigkeit
der Arbeitsplatz
die Arbeitszeit
der Arzt
die Arzthelferin
ausbilden
die Ausbildung
der Auszubildende
der Bäcker
der Bauarbeiter
die Beamtin
beraten
der Beruf
der Betrieb
sich bewerben
der Briefzusteller
das Büro
die Büroarbeit
die Chefin
der Direktor
der Elektriker
die Elternzeit
die Erzieherin
die Fabrik
der Feierabend
die Firma
das Fließband
die Freizeit
der Friseur
das Gehalt
das Geschäft

der Geselle
die Gewerkschaft
die Handarbeit
der Handel

der Streik

handeln
der Händler
der Handwerker
die Hausfrau
herstellen
die Industrie
die Informatikerin
der Installateur
der Job
die Journalistin
die Kantine
der Kollege
der Krankenpfleger
die Krankenschwester

kündigen

kündigen
der Lehrer
lernen
der Lohn
der Maler
die Managerin
der Maurer
die Mechanikerin
der Meister
der Metzger
der Müllmann
der Mutterschutz

pflegen
der Politiker
der Polizist
die Praxis
produzieren
die Rechtsanwältin
die Rente
der Rentner
reparieren
der Richter
die Schneiderin
der Schreiner
schuften
der Schulabschluss
die Sekretärin
die Sozialhilfe
die Steuer
der Streik
der Stundenlohn
der Tankwart
der Techniker
der Traumberuf
die Überstunde
der Urlaub
verkaufen
die Verkäuferin
der Vertrag
verwalten
die Werkstatt
das Werkzeug
der Zimmermann

das Fließband

In der Freizeit

Früher hatten die Kinder reicher Familien kunstvolles Spielzeug. Besonders beliebt waren Puppen mit Porzellanköpfen, Puppenhäuser, Bleisoldaten und das Schaukelpferd.

In ärmeren Familien wurde das Spielzeug für die Kinder aus einfachen Materialien selbst hergestellt.

Manche Freizeitbeschäftigungen sind von der Jahreszeit abhängig.

Langeweile oder Freizeitstress

Für Eltern, die unter der Woche frühmorgens zur Arbeit gehen müssen, gibt es am Wochenende oft nichts Schöneres, als auszuschlafen und zu faulenzen. Die meisten Kinder finden das ziemlich langweilig. Sie wollen in ihrer Freizeit lieber etwas unternehmen, zum Beispiel skaten, Fahrrad fahren, bei einem Freund oder einer Freundin übernachten oder basteln. Wenn man sich mit Freunden und Freundinnen trifft, fällt einem immer etwas ein, das Spaß macht.
Manche Spiele kann man alleine gar nicht spielen, zum Beispiel Fußball, Verstecken oder Fangen. Aber auch lesen, fernsehen oder am Computer spielen vertreibt die Langeweile.
Viele Freizeitbeschäftigungen müssen schon Tage oder Wochen im Voraus geplant werden, zum Beispiel der Ballett- und Judounterricht oder die Klavierstunden. Manche Kinder sind auch Mitglied in einer Jugendgruppe. Jeder, wie er mag!

der Ausflug
sich ausruhen
ausschlafen
der Ball
Ball spielen
basteln
bauen
der Baukasten
der Besuch
besuchen
das Brettspiel
Briefe schreiben
die Bücherei
bummeln
die Clique
am Computer spielen
Drachen steigen lassen
einkaufen gehen
einsam
Eis essen
die Eisdiele
die Eishalle
entspannen
sich erholen
erzählen
Fahrrad fahren
Fangen spielen
faulenzen
feiern

die Ferien
fernsehen
die Freizeit
die Freizeit-beschäftigung
der Freizeitpark
bei der Freundin übernachten
beim Freund übernachten
Fußball spielen
das Geduldsspiel
das Gesellschaftsspiel
grillen
die Hängematte
das Hobby
den Hund ausführen
im Internet surfen
Inliner fahren
joggen
die Jugendfreizeit
die Jugendgruppe
Karten spielen
kichern
kicken
der Kindergeburtstag
ins Kino gehen
klettern
küssen

lachen
die Langeweile
sich langweilen
langweilig
lesen
malen
Memory spielen
mitspielen
der Mitspieler
die Mitspielerin
das Museum
Musik hören

sammeln

die Musikschule
musizieren
die Party
das Picknick
picknicken
plaudern
die Puppe
das Puzzle
die Radtour
reiten
sammeln
Schach spielen
Schlittschuh laufen
das Schwimmbad

toben

der Spielverderber

schwimmen
skaten
das Spiel
spielen
der Spielplatz
der Spielverderber
Sport treiben
der Sportverein
Streetball spielen
tanzen
tauchen
telefonieren
toben
turnen
etwas unternehmen
der Urlaub
sich verabreden
verkleiden
verreisen
Verstecken spielen
wandern
die Wanderung
das Wochenende
würfeln
zelten
das Zeltlager
der Zoo

Sport und Spiel

Manche Menschen wollen testen, wie mutig sie sind. Sie suchen sich Extremsportarten aus, bei denen den meisten anderen Menschen die Haare zu Berge stehen.

Gewinnen ist nicht alles

In der Freizeit Sport zu treiben, kann sehr viel Spaß machen. Manchmal ist Sport aber auch ganz schön anstrengend. Doch wenn Mitspieler und Zuschauer uns anfeuern, merken wir das meist gar nicht.
Es gibt unendlich viele Sportarten. Man könnte sie grob in zwei Gruppen unterteilen: Sport, den man selbst macht, und Sport, den man sich im Stadion oder im Fernsehen anschaut.
Es gibt Ereignisse, die Tausende von Menschen vor den Fernseher locken: die großen Motorsportrennen und Skispringen, die Fußballweltmeisterschaften oder die Olympischen Spiele.
Um eine Sportart gut zu beherrschen, muss man regelmäßig trainieren. Die meisten großen Sportler haben schon als Kinder mit dem Training begonnen. Aber Glück braucht man zum Gewinnen auch: Wer beim Radrennen kurz vor dem Ziel über einen Nagel fährt, dem hilft das ganze Training vorher nichts.

der Amateur
anfeuern
anstrengend
atemlos
aufgeben
die Ausdauer
ausscheiden

ausscheiden

der Ball
das Ballett
das Basketballspiel
der Boxkampf
die Bundesjugendspiele
die Dopingkontrolle
ehrgeizig
das Eishockey
der Eiskunstlauf
der Elfmeter
das Endspiel
der Endspurt
fair
die Fairness
der Fanklub
der Fechtsport
die Fitness
das Footballspiel
das Foul

das Fußballspiel
geschickt
gewinnen
die Gymnastik
das Handballspiel
das Hindernis
der Hochsprung
die Inliner
joggen
das Judo
das Karate
klettern
das Kunstturnen
laufen
die Leichtathletik
die Mannschaft
die Medaille
die Meisterschaft
messen
der Mitspieler
der Motorsport
die Olympischen Spiele
pfeifen
der Pokal
der Profi
die Punktwertung
der Radrennsport
der Reitsport
rennen
der Rollstuhlmarathon
rudern

das Foul

das Rugbyspiel
der Schiedsrichter
die Schiedsrichterin
schwimmen

siegen

die Schwimmhalle
schwitzen
segeln
siegen
der Sieger
die Siegerehrung
die Siegerin
der Skisport
spannend
spielen
das Spielfeld
die Sportart
der Sportler
die Sportlerin
sportlich
der Sportplatz
der Sportverein
springen
das Stadion
der Start
starten
der Startschuss

stoppen
die Stoppuhr
stürzen
surfen

verlieren

tanzen
tauchen
das Tennis
das Tischtennis
der Trainer
die Trainerin
trainieren
die Turnhalle
die Urkunde
der Verein
die Verletzung
verlieren
das Völkerballspiel
das Volleyballspiel
das Wasserballspiel
der Weitsprung
der Weltrekord
werfen
der Wettkampf
das Ziel
der Zuschauer

der Startschuss

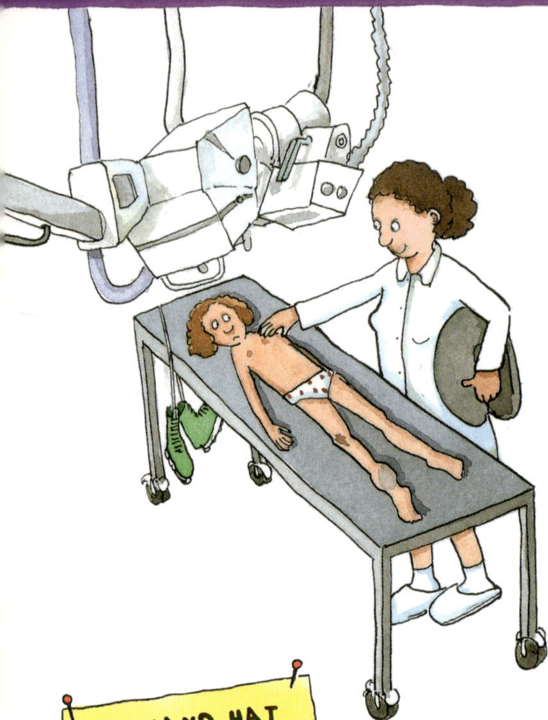

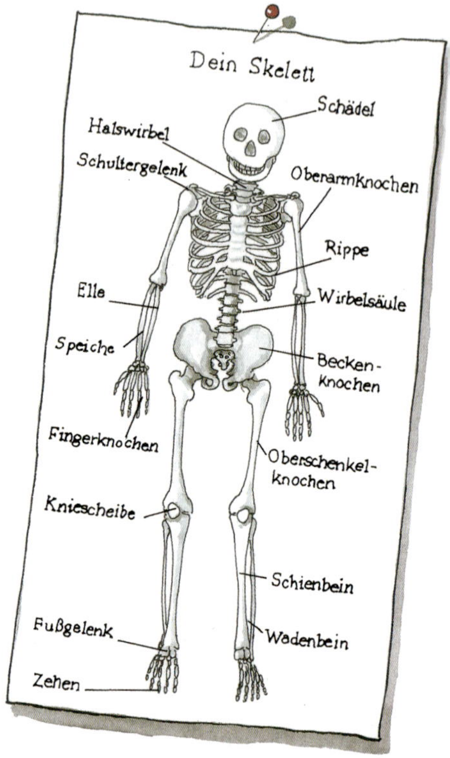

Deine Knochen
und Muskeln halten dich aufrecht.
Dein größter Knochen ist der Oberschenkelknochen.
Dein größter Muskel ist der, auf dem du jeden Tag sitzt.

„Lachen hält gesund“, sagt man.

Aber manchmal gibts auch nichts zu lachen.

Blonde haben mehr Haare als Schwarzhaarige,
Rotschöpfe haben weniger.

Wundermaschine Körper

Jeder Teil unseres Körpers hat eine ganz bestimmte Aufgabe. Das Herz zum Beispiel pumpt Blut durch unseren Körper und versorgt die Muskeln und Organe mit allem, was sie brauchen. Wenn wir Sport machen oder aufgeregt sind, schlägt das Herz schneller als sonst, weil der Körper mehr Energie verbraucht. Manchmal ist unser Körper geschwächt. Dann werden wir krank. Vor einigen Krankheiten kann man sich durch eine Impfung schützen, bei anderen helfen Medikamente.
Mit vielem wird unser Körper ganz alleine fertig: Wenn man sich das Knie aufschürft, tut die Wunde zwar höllisch weh, aber man muss nicht unbedingt zum Arzt. Das Blut verkrustet und unter dem Schorf bildet sich neue Haut. Manche Krankheiten oder Verletzungen kann unser Körper aber ohne ärztliche Hilfe nicht heilen. Ein gebrochener Arm etwa muss geschient und eingegipst werden, damit der Bruch gerade zusammenwächst.

die Allergie
der Arm
der Arzt
die Ärztin
atmen
das Auge
der Bauch
der Bauchnabel
das Bein
die Bewegung
das Blut
der Blutkreislauf
die Brust
der Darm
der Daumen
dick
dünn
der Ellbogen
die Ernährung

erschöpft
die Ferse
das Fieber
der Finger
frieren
fühlen
der Fuß

das Gebiss
gehen
das Gehirn
das Gesicht
gesund
das Gewicht
das Haar
der Hals

die Hand
die Haut
das Herz
hören
der Husten
die Impfung
das Kinn
der Knochen
der Knochenbruch
der Kopf
der Körper
die Körperpflege
kräftig
krank
das Krankenhaus
der Krankenpfleger
die Krankenschwester
die Krankheit
lachen

die Schmerzen

liegen
die Lunge
der Magen
die Masern
das Medikament
müde
der Mumps
der Mund
der Muskel
nackt
die Nase
die Niere
das Ohr
das Organ
der Penis
der Pickel
der Po
riechen
die Röteln
der Rücken
sauber
die Scheide
schlafen
schlank
schmecken
der Schmerz
der Schnupfen
die Schulter

zittern

schwach
schwitzen
sehen
die Sehne
der Speichel
die Spucke
die Stirn
die Übelkeit
ungesund
die Verdauung
sich verletzen
die Verletzung
wach
die Wade
die Wange
sich waschen
wehtun
weinen
die Windpocken
die Wirbelsäule
die Wunde
der Zahn
der Zahnarzt
die Zahnärztin
Zähne putzen
der Zeh
zittern
die Zunge

Wo kommen diese Speisen her?

jemandem Honig
um den Bart schmieren

den Braten riechen

abwarten und
Tee trinken

Schon mal drüber nachgedacht …

… warum Schnellesser langsamer satt werden?

… warum man bei Süßigkeiten auch mal nein sagen sollte?

… warum Mehl dunkel oder hell sein kann?

Guten Appetit

Die Energie, die wir brauchen, damit wir denken, sprechen und uns bewegen können, nehmen wir mit der Nahrung auf.
Wenn wir zu wenig Nahrung aufnehmen, sendet unser Körper uns eindeutige Signale und wir bekommen Hunger oder Durst.
Was wir essen, wenn wir Hunger haben, ist unterschiedlich.
Manche mögen Schokolade, Eiscreme und Ketchup, andere essen lieber Müsli, frisches Obst und Salat.
Menschen, die ursprünglich aus anderen Ländern kommen und heute bei uns leben, haben ihre Lieblingsspeisen mitgebracht.
Dadurch ist unser Speiseplan vielfältiger und bunter geworden.
Nicht alle Lebensmittel, die wir kennen und gerne essen, werden auch bei uns angebaut. Reis kommt zum Beispiel aus Asien, Orangen werden aus Israel und Spanien zu uns gebracht und Kiwis aus Neuseeland und Italien. Den meisten Leuten ist es allerdings egal, woher ihr Obst kommt. Hauptsache es schmeckt!

das Abendessen
der Apfel
der Appetit
die Banane
der Bärenhunger
die Beere
das Besteck
die Birne
bitter
der Blumenkohl
der Brokkoli
das Brot
das Brötchen
die Butter
der Durst
durstig
die Eiscreme
die Erbse
essen
der Essig

das Fast Food

das Fast Food
fasten
das Fett
der Fisch
das Fleisch
das Frühstück

der Geruch

die Gabel
das Gemüse
der Geruch
der Geschmack
gesund
das Getränk
das Gewürz
das Glas
die Gurke
heiß
der Honig
der Hunger
hungrig
der Joghurt
der Kakao
die Karotte
die Kartoffel
der Käse
kauen
das Ketchup
die Kirsche
die Kiwi
lecker
die Lieblingsspeise
der Löffel
die Mandarine
die Marmelade

die Melone
das Messer
die Milch
das Mineralwasser
das Mittagessen
das Müsli

naschen

der Nachtisch
naschen
die Nudel
das Obst
das Ökoprodukt
das Öl
die Orange
der Paprika
der Pfeffer
die Pflaume
die Pizza
die Pommes frites
der Pudding
der Quark
der Reis
der Saft
die Sahne
der Salat
das Salz

scharf

salzig
satt
sauer
scharf
das Schlaraffenland
schlingen
schmatzen
schmecken
die Schokolade
die Schüssel
der Senf
die Serviette
die Soße
die Suppe
süß
die Süßigkeit
die Tasse
der Tee
der Teller
die Tomate
der Topf
trinken
ungesund
vegetarisch
die Wurst
würzen
die Zitrone
die Zucchini
der Zucker
die Zwiebel

Durst

Was macht das Baby im Bauch?

Es dreht sich, solange der Platz reicht.

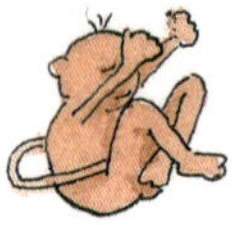

Es boxt mit den Fäusten.

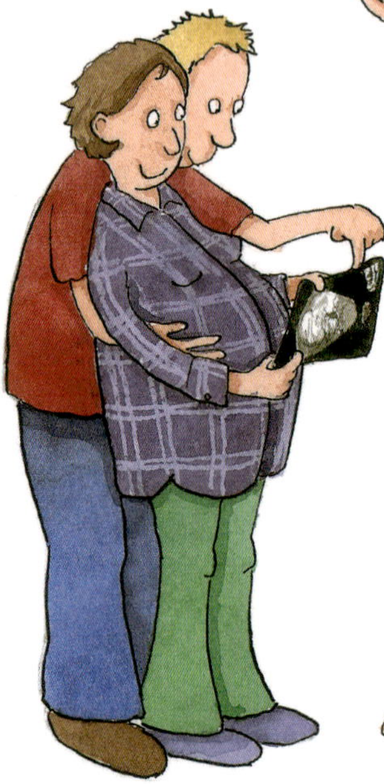

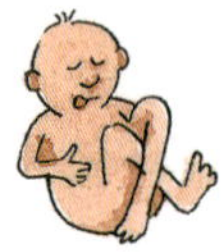

Ab und zu hat es Schluckauf.

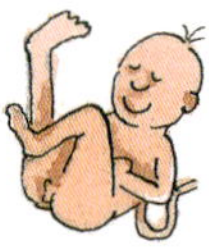

Es tritt mit den Füßen.

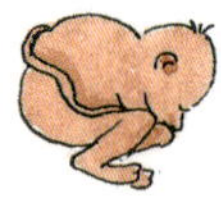

Es schläft.

Es hört den Herzschlag der Mutter. Auch was draußen los ist, kann das Baby schon wahrnehmen.

Manchmal öffnet es die Augen. Sehen kann es aber noch nicht.

MAN KANN BABYS IM BAUCH FOTOGRAFIEREN. HAST DU SO EIN BILD VON DIR?

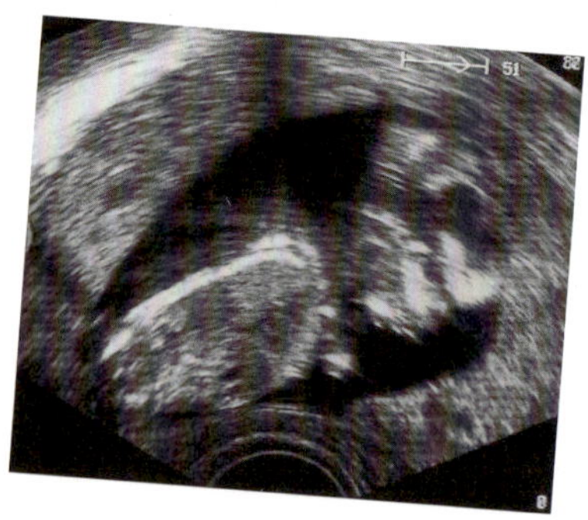

Eine Schwangerschaft dauert neun Monate oder 40 Wochen.
In dieser Zeit wächst das Baby jeden Tag.

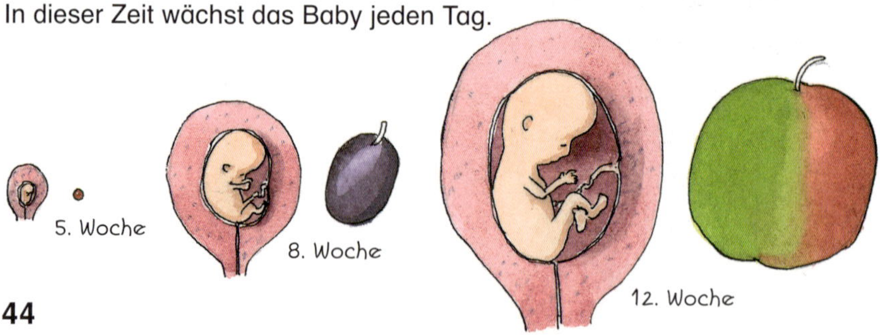

Ein Kind entsteht

Wenn zwei Erwachsene sich lieb haben und miteinander schlafen, wird die Frau manchmal schwanger. In ihrem Bauch wächst dann ein Baby.
Zuerst ist es so winzig, dass man es nur unter dem Mikroskop erkennen kann. Doch das Baby wächst, und der Bauch der Frau wird immer dicker. Bald schon kann das Baby seine Arme und Beine bewegen. Manche Babys lutschen im Bauch bereits am Daumen. Sie drehen sich und schlagen sogar Purzelbäume. Man kann fühlen, wie das Baby sich bewegt, wenn man die Hand auf den Bauch der Mutter legt. Irgendwann wird der Platz im Bauch zu eng: Nach neun Monaten will das Baby endlich heraus. Dann bekommt die Frau Wehen. Eine Geburt ist ziemlich anstrengend, aber Hebammen und Ärzte helfen der Frau beim Entbinden. Wenn das Baby geboren ist, sind aus dem Mann und der Frau ein Vater und eine Mutter geworden.

das Baby
der Bauch
befruchten
die Befruchtung
berühren
die Binde
der Brei
die Brust
die Brustwarze
der Busen
der Eierstock
die Eifersucht
der Eileiter
einnisten
der Eisprung
die Eizelle
die Eltern
der Embryo
entbinden
die Entbindung
die Entwicklung
die Erektion
erwachsen
die Fortpflanzung
die Frau
der Freund
die Freundin

das Fruchtwasser
die Frühgeburt
fühlen
füttern
gebären
die Gebärmutter
die Geburt
der Geburtshelfer
der Geburtstag
das Gefühl
das Geschlechtsorgan
der Geschlechtsverkehr

das Glied
der Gynäkologe
die Gynäkologin
die Hebamme
das Herzklopfen
der Hoden
homosexuell
der Junge
der Kinderwagen
klein
das Kondom
der Kreißsaal
kuscheln
der Kuss

rot werden

küssen
die Liebe
lieben
das Mädchen
der Mann
männlich
die Menstruation
miteinander schlafen
die Monatsblutung
die Mutter
der Mutterkuchen
die Nabelschnur
das Neugeborene
der Penis
die Pille
die Pubertät
rot werden
der Samen
der Säugling
die Schamlippe
die Scheide
schmusen
schwanger
die Schwangerschaft
die Schwangerschaftsgymnastik
der Sex
das Sperma
stillen

streicheln
der Tampon
der Ultraschall
umarmen
untersuchen
die Untersuchung
die Vagina
der Vater

verknallt

verhüten
die Verhütung
verknallt
verlieben
verliebt
wachsen
die Wehen
weiblich
wickeln
der Wickeltisch
die Wiege
wiegen
die Windel
windeln
winzig
zärtlich
zeugen
die Zeugung
die Zwillinge

die Schwangerschaftsgymnastik

Kaufen und Verkaufen

WOFÜR GIBST DU DEIN TASCHENGELD AUS?

Es gibt viele verschiedene Möglichkeiten, einzukaufen:

am Stand

am Automaten

über das Internet

aus dem Katalog

an der Tankstelle

über den Lieferservice

im Supermarkt

Im Sommerschlussverkauf

Der Sommerschlussverkauf hat begonnen. In den Straßen drängen sich Menschen auf der Jagd nach günstigen Schnäppchen. Vor den Umkleidekabinen und an den Kassen stehen lange Schlangen. Aber nicht nur die Verkäuferinnen haben alle Hände voll zu tun. Auch die Ladendetektive wissen kaum noch, wo ihnen der Kopf steht. Wie sollen sie bei dem Gedränge bloß den Überblick behalten? Zum Glück sind an den teuren Waren elektronische Diebstahlsicherungen angebracht. Diese Plastikchips piepsen, wenn jemand etwas aus dem Kaufhaus schmuggeln will, ohne zu bezahlen. Leider vergessen die Kassiererinnen manchmal die Chips zu entfernen. Dann piepst es, obwohl der Kunde bezahlt hat. Das ist natürlich für alle peinlich. Die Detektive und Verkäuferinnen haben sich schon oft bei ehrlichen Kunden entschuldigen müssen, die sie zu Unrecht am Ausgang angehalten haben.

abwiegen
die Änderungs-
schneiderei
anprobieren
die Apotheke
die Auswahl
auswählen

sich entscheiden

die Bäckerei
der Baumarkt
beraten
bestellen
die Bestellung
bezahlen
billig
das Blumengeschäft
die Buchhandlung
die Diebstahlsicherung
der Drogeriemarkt
einkaufen
der Einkaufsbummel
der Einkaufskorb
die Einkaufstasche
der Einkaufswagen
der Einkaufszettel
einpacken
der Elektrohandel

sich entscheiden
die Gärtnerei
das Geld
der Geldbeutel
das Geschäft
die Geschäftszeiten
das Gramm
der Gutschein
der Handel
handeln
die Kasse
der Kassenzettel
kassieren
der Kassierer
die Kassiererin
der Katalog
kaufen
das Kaufhaus
das Kilo
der Kiosk
kosten
der Kunde
die Kundin
der Ladendetektiv
die Ladendetektivin
der Ladendieb
die Ladendiebin
der Ladentisch
der Liter
die Marke
der Markt

der Wühltisch

der Meter
die Metzgerei
das Möbelhaus
das Netz
das Pfand
das Pfund
der Preis
der Preisnachlass
das Preisschild
der Preisvergleich
preiswert
die Quittung
der Rabatt
die Rate
der Räumungsverkauf
die Rechnung
reduzieren
das Reformhaus
die Reinigung
die Reklamation
reklamieren
das Schaufenster
Schlange stehen
der Schlussverkauf
das Schnäppchen
das Schreibwaren-
geschäft

die Selbstbedienung
das Sonderangebot
sortieren
der Supermarkt
teuer
die Tüte
die Überwachungskamera
die Umkleidekabine
umsonst
umtauschen
das Verfallsdatum
verkaufen
der Verkäufer
die Verkäuferin
verpacken
die Verpackung
der Versandhandel
die Waage
die Ware
das Warentransportband
das Wechselgeld
wechseln
die Werbung
wiegen
der Wühltisch
der Zentimeter

Kennst du diese Redensarten?

Money doesn't grow on trees.

Das Geld zum Fenster hinauswerfen.

Im Geld schwimmen.

Das Geld liegt nicht auf der Straße.

Was macht Spaß und kostet kein Geld?

Schon mal drüber nachgedacht …

… wie viele Ausdrücke es für Geld gibt?

Kröten, Blüten, Kies, Pinke, Zaster, Rubel, Taler, Pappe, Schotter, Eier, Heu, Moneten, Pulver, Knete, Kohle, Moos, Mäuse, Lappen

Blinde Menschen können mit den Fingern „sehen", wie viel ein Geldschein wert ist.

Wohin nur mit dem Geld?

Jeder hält einen anderen Ort für den sichersten für sein sauer verdientes Geld: Die einen haben Sparstrümpfe, andere bevorzugen die Matratze ihres Bettes als Versteck. Oder sie bewahren ihr Erspartes in einem Sparschwein auf. Die meisten Leute aber tragen ihr Geld zur Bank, wo es in einem Tresorraum sicher aufgehoben ist. Es sei denn, eine Bande von Bankräubern verübt einen Überfall. Das ist dann Pech für die Bank, denn sie muss dem Sparer auf Wunsch genau den Betrag wieder auszahlen, den er damals auf sein Sparbuch eingezahlt hat. Plus Zinsen. Ganz egal, wie oft die Bank überfallen wurde oder wie viel die Räuber erbeutet haben.
Wenn man Geld abheben will, muss man heute nicht mehr an den Schalter gehen. Jeder, der eine Scheckkarte besitzt und seine Geheimzahl kennt, kann an einem Geldautomaten Geld vom eigenen Konto abheben – sogar im Ausland.

abbezahlen
abheben
abstottern
die Aktie
der Aktienkurs
die Alarmanlage
anlegen

die Diskretion

arm
die Armut
ausfüllen
ausgeben
auszahlen
die Auszahlung
die Bank
der Bankangestellte
die Bankangestellte
der Bankdirektor
die Bankdirektorin
das Bankgeheimnis
die Bankkauffrau
der Bankkaufmann
die Bankleitzahl
der Bankräuber
die Bankräuberin
bankrott
der Banküberfall
die Bankverbindung

das Bargeld
der Bausparvertrag
der Betrag
die Börse
der Börsenkurs
der Cent
das Darlehen
der Dauerauftrag
der DAX
die Diskretion
der Dollar
einzahlen
die Einzahlung
der Euro
die Finanzierung
der Fonds
freigebig
die Geheimzahl
der Geizhals

der Geizhals

geizig
das Geld
der Geldautomat
der Geldbeutel
der Geldschein
das Geldstück
der Geldtransporter

der Geldumtausch
das Girokonto
der Goldbarren
die Gutschrift
das Haben
das Haushaltsgeld
die Hypothek
die Kasse
das Kleingeld
das Konto
der Kontoauszug
die Kontonummer
der Kontostand
der Kredit
die Kreditkarte
die Kundenberatung
die Lastschrift
der Millionär
die Münze
das Onlinebanking
das Passwort
pleite
das Prozent
die Rate
die Ratenzahlung
reich
der Reichtum
die Rendite
der Schalter
der Scheck
die Scheckkarte

die Zinsen

das Schließfach
die Schulden
schuldenfrei
das Soll
das Sparbuch
die Sparkasse
das Sparkonto
sparsam
das Sparschwein
der Sparstrumpf
das Spendenkonto
das Taschengeld
der Tresor

verschwenderisch

die Überwachungskamera
überweisen
das Überweisungsformular
überziehen
das Vermögen
verschwenderisch
die Währung
wechseln
das Wertpapier
zahlen
die Zinsen

die Bankräuberin

Verbindung aufnehmen

Das kann man auch ohne Worte sagen und verstehen:

Entziffere die SMS-Botschaft!

Oft müssen Worte weite Wege zurücklegen, manchmal sogar unter Wasser.

Vom reitenden Boten zur SMS

Wenn man früher miteinander in Verbindung treten wollte, war das eine aufwendige und meistens auch sehr langwierige Angelegenheit. Briefe wurden mit Postkutschen, Segelschiffen oder von reitenden Boten transportiert und waren oft monatelang unterwegs. Heute ist die Post in der Regel schon am nächsten Tag beim Empfänger im Briefkasten. Und wenn man zum Telefon greift, eine SMS schickt, faxt oder mailt, dauert es nur wenige Minuten, bis die Botschaft ankommt.
Die Welt um uns herum ist voller Zeichen, die wir nur lesen und verstehen können, wenn wir gelernt haben sie zu entschlüsseln. Das weiß jeder, der sich gemeinsam mit Freunden schon einmal eine eigene Geheimsprache ausgedacht hat. Das Gleiche gilt auch für viele andere Zeichensysteme: für Verkehrszeichen zum Beispiel, für die Gebärdensprache oder für die Blindenschrift.

absenden
der Absender
abstempeln
das Adressbuch
die Adresse
adressieren
der Anruf
der Anrufbeantworter
anrufen
die Anschrift
die Ansichtskarte
die Antenne
antworten
die Auskunft
benachrichtigen
besetzt
das Besetztzeichen
die Blindenschrift
der Brief
der Briefkasten
die Briefmarke
das Briefpapier
die Brieftaube
der Briefträger
die Briefträgerin
der Briefumschlag
der Chatroom
chatten
die Durchwahl
das Einschreiben

die E-Mail
die E-Mail-Adresse
der Empfänger
erreichbar
erreichen
das Fax
faxen
die Faxnummer
die Flaschenpost
das Freizeichen
funken
das Funkgerät
die Gebärdensprache
die Gebühreneinheit
das Gespräch
das Handy
die Information
informieren
das Internet
das Kabel
das Kartentelefon
klingeln
der Kurier
der Kurierdienst
lesen
das Leuchtfeuer
die Luftpost

die Mailbox
mailen
das Morsealphabet
morsen
die Nachricht
der Nachrichtensatellit
der Notruf
die Notrufsäule
das Päckchen
das Paket
der Paketdienst
das Porto
die Post
das Postamt
das Postfach
die Postkarte
die Postkutsche
die Postleitzahl
der Postschalter
der Poststempel

das Rauchzeichen

der Provider
das Rauchzeichen
schicken
schreiben
die Schrift

der Kurier

senden
die Sendung
die SMS
die Sondermarke
die Sprache
sprechen
der Tarif

das Trommelzeichen

das Telefon
das Telefonbuch
der Telefonhörer
telefonieren
die Telefonkarte
die Telefonleitung
das Telefonnetz
die Telefonnummer
die Telefonrechnung
die Telefonzelle
das Telegramm
das Trommelzeichen
unerreichbar
die Vorwahl
wählen
winken
das World Wide Web
zuhören
zurückrufen

Mit dem Computer kann man vieles tun:

Schon mal drüber nachgedacht ...

... warum es für E-Mail-Schreiber und Chatter eine eigene Gefühlssprache gibt?

:-) lachendes Gesicht: Nicht alles so ernst nehmen!

:-)) über das ganze Gesicht grinsen

;-) Das war nicht so gemeint!

:-D lautes Lachen

:-() Waaaas!?

:-* Kuss

Computer haben ein riesengroßes Gedächtnis. Manche von ihnen können sogar sprechen.

Unterwegs im Netz

Als der Computer vor mehr als fünfzig Jahren erfunden wurde, war er zunächst nur als Arbeitsgerät für Wissenschaftler gedacht. Heute findet man fast in jedem Haushalt einen PC. Es gibt Lernsoftware für Schüler, Spiele zur Unterhaltung und besondere Programme für fast jeden Beruf.
Wer im Internet surfen will, braucht außer einem Computer einen Telefonanschluss und ein Modem. Mithilfe der Suchmaschinen lassen sich schnell und einfach Informationen besorgen. Außerdem kann man über das Internet Nachrichten austauschen, zum Beispiel indem man E-Mails verschickt oder sich in sogenannten Chatrooms mit anderen unterhält. Dafür muss man allerdings flink auf einer Computertastatur tippen können und die Zeichen kennen, die Freude, Lächeln oder Trauer ausdrücken. Anders kann man Gefühle auf dem Bildschirm nämlich nicht zeigen.

der Bildschirmschoner

absenden
abstürzen
anklicken
ausdrucken
der Befehl
die Benutzeroberfläche
das Betriebssystem
der Bildschirm
der Bildschirmschoner
der Browser
das Byte
der CD-Brenner
die CD-ROM
der Chatroom
chatten
der Computer
das Computerspiel
der Cursor
die Datei
die Daten
die Datenautobahn
deinstallieren
der Desktop
das Dokument
der Doppelklick
der Download
der Drucker
einfügen

eingeben
einloggen
die E-Mail
die E-Mail-Adresse
empfangen
das Fenster
die Festplatte
finden
die Flatrate

der Hacker

das Format
formatieren
der Gameboy
die Grafik
der Hacker
die Hardware
herunterfahren
herunterladen
die Homepage
die Information
installieren
das Internet
die Internetadresse
der ISDN-Anschluss
der Joystick
das Kabel
kopieren

der Laptop
das Laufwerk
der Lautsprecher
das Lesezeichen
der Link
löschen
die Mailbox
mailen
markieren
die Maus
das Mauspad
die Menüleiste
das Mikrofon
das Modem
der Monitor
das MP3-Format
der Neustart
das Notebook
offline
online
der Ordner
das Passwort
der PC
die Playstation
das Programm
programmieren
der Provider
die Resettaste
scannen
der Scanner
die Schrifttypen

der Server
die Sicherheitskopie
sichern
die Software
der Speicher
speichern
der Speicherplatz
suchen
die Suchmaschine
surfen
das Symbol
die Tastatur
die Textverarbeitung
tippen
der Treiber
überschreiben
das Update
der USB-Stick

der Virus

die Verbindung
vernetzen
der Virenscanner
der Virus
die Webseite
das World Wide Web

das World Wide Web

Das Leben in früheren Zeiten

Früher waren die Menschen viel kleiner.

Sie sind auch nicht so alt geworden wie heute.

die Pyramiden

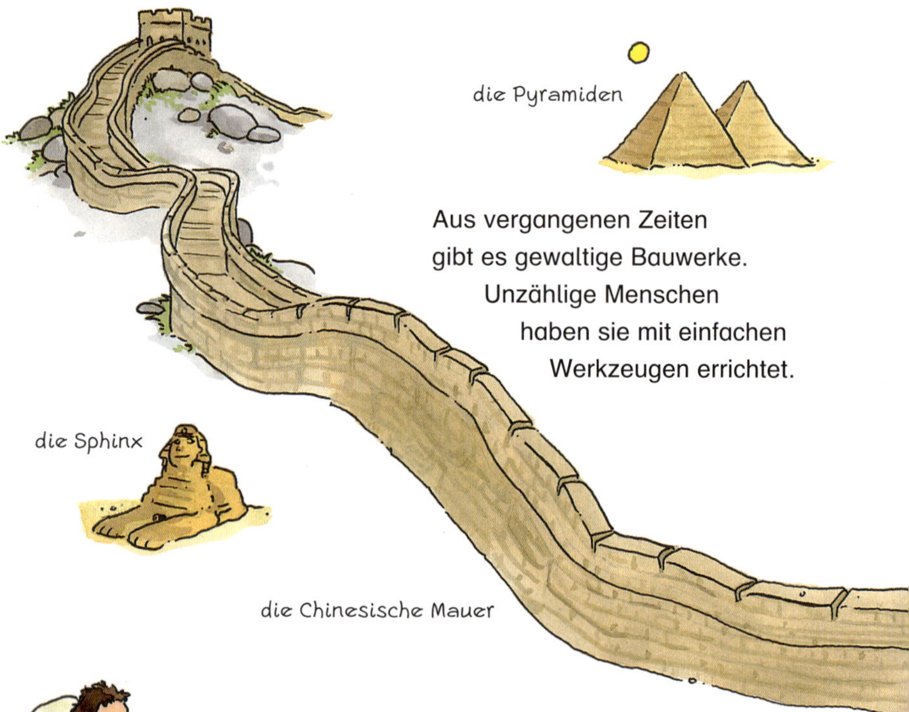

Aus vergangenen Zeiten gibt es gewaltige Bauwerke. Unzählige Menschen haben sie mit einfachen Werkzeugen errichtet.

die Sphinx

die Chinesische Mauer

Archäologen arbeiten wie Detektive. Oft müssen sie die Hinweise darauf, wie Menschen früher gelebt haben, erst mühevoll ausgraben.

Spuren der Vergangenheit

Überall, wo Menschen lebten, haben sie Spuren hinterlassen, die man heute noch finden kann. Zu den Überresten vergangener Kulturen gehören mächtige Bauwerke und Ruinen, Alltagsgegenstände, Schmuck, Werkzeuge oder alte Münzen. Manchmal findet man sogar in Mooren oder im Eis mumifizierte Menschen oder Tiere. In einem Gletscher in den Ötztaler Alpen wurde 1991 zufällig die Leiche eines Mannes entdeckt, der vor mehr als 5 000 Jahren gestorben war. An den Hand- und Fußgelenken war er tätowiert. Röntgenuntersuchungen zeigten, dass „Ötzi" dort schmerzhafte Ablagerungen hatte. Es wird vermutet, dass die Tätowierungen diese Schmerzen lindern sollten. Auch durch „Ötzis" Kleidung, seine Ausrüstung, seine Waffen und seinen Proviant haben Archäologen neue Erkenntnisse über das Leben in der Steinzeit gewinnen können.

der Ackerbau
die Ägypter
ansiedeln

antik
die Araber
die Archäologie
die Ausgrabung
aussterben
die Axt
die Azteken
das Beil
sich bekriegen
bepflanzen
bewaffnet
der Bogen
die Bronzezeit
der Büffel
die Burg
die Chinesen
damals
der Einsiedler
die Eisenzeit
die Eiszeit
entdecken
erfinden
erobern
der Faustkeil

der Feind
feindlich
das Fell
das Feuer
der Feuerstein
der Fischer
das Fossil

der Frieden
früher
der Fund
das Gefäß
das Getreide
der Gladiator
die Götter
die Grabstätte
die Griechen
der Handel
das Heer
das Heiligtum
die Herde
herrschen
der Herrscher
die Hieroglyphen
die Höhle
die Höhlenmalerei
die Hütte
die Indianer

die Inkas
jagen
der Jäger
der Kaiser
die Kaiserin
der Keil
die Kelten
die Keramik
das Kloster
der König
die Königin
der Krieg
der Krieger
die Kultur
die Lanze
das Mammut
die Mayas
das Mittelalter

die Mumie

die Mumie
der Neandertaler
die Neuzeit
der Palast
der Pfahlbau
der Pfeil
der Pflug
der Pharao
plündern

die Pyramide
das Rad
der Ritter
die Römer
die Ruine
der Sammler
der Sarkophag

sesshaft

der Saurier
das Schaf
die Schleuder
das Schloss
das Schriftzeichen
das Schwert
sesshaft
die Siedlung
die Sippe
der Sklave
der Speer
die Steinzeit
der Tempel
die Viehzucht
der Vorfahre
die Waffe
das Werkzeug
die Wikinger
der Wolf
das Zelt

die Ausgrabung

Ritter und Burgen

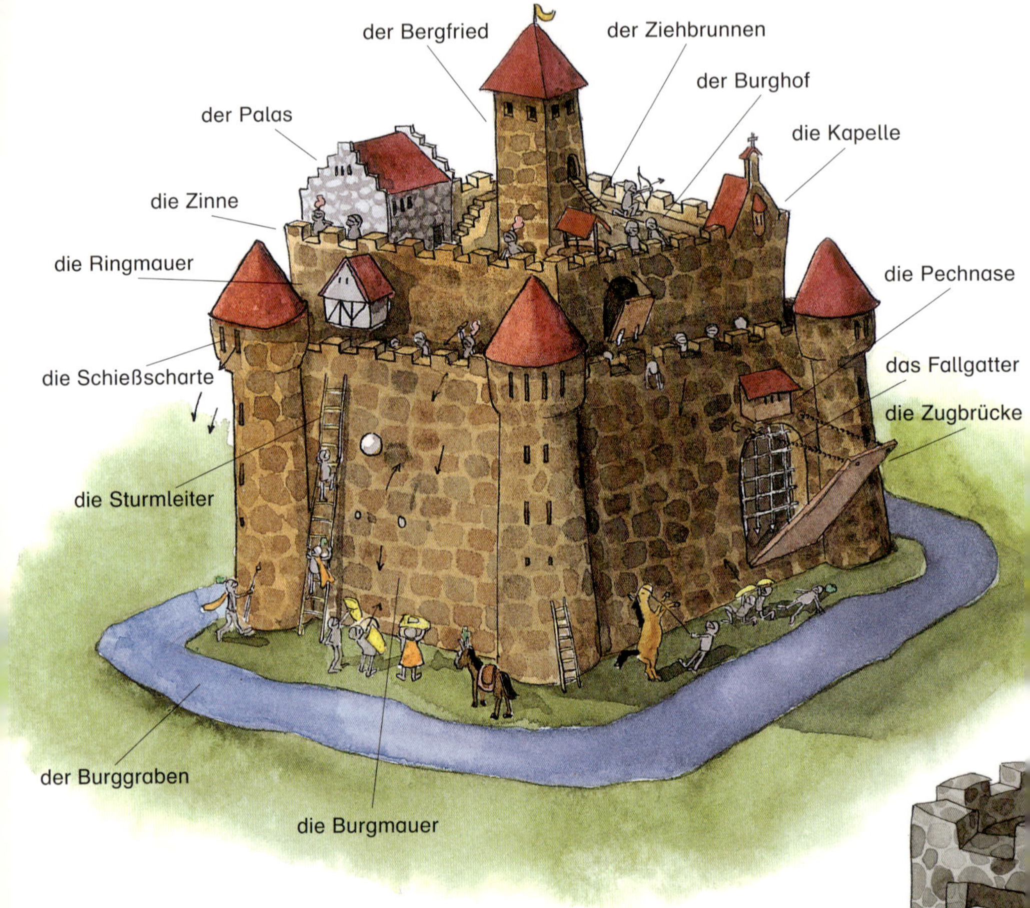

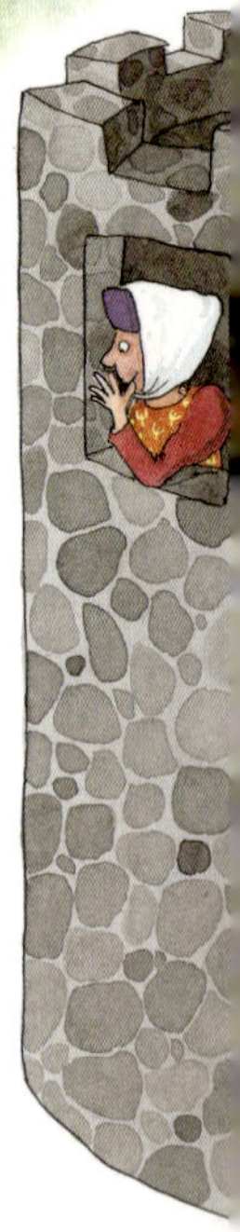

Tischsitten im Mittelalter

Beim Anblick einer Burgruine denkt man oft sofort an Ritter, die bei großen Turnieren in Rüstung und Schild mit Schwertern gegeneinander kämpften. Aber die Ritter haben früher, als die Ritterburgen noch bewohnt waren, natürlich nicht nur gekämpft. Manchmal kamen auf die Burgen nämlich auch Sänger und Dichter. Dann wurde getanzt, gesungen und musiziert, man feierte laute Feste und abends wurden Geschichten erzählt.
Bei diesen Festen hatte man sich ordentlich zu benehmen.
Es war unanständig, beim Essen zu schmatzen, über den Tisch zu spucken oder in die Tischdecke zu schneuzen – die fettigen Finger durfte man sich allerdings ohne Weiteres daran abwischen. Abgenagte Knochen legte man nicht in die Schüssel zurück, sondern warf sie einfach auf den Boden.
Wir sehen schon, nicht alle der damaligen Höflichkeitsregeln sind heute noch gültig!

Ritter und Burgen

das Abenteuer
der Adel
adlig
die Amme
angreifen
die Armbrust
der Bauer
die Bäuerin
belagern
die Belagerung
der Bogen
die Burg
das Burgfräulein
das Burggespenst
der Burgherr
die Burgherrin
die Burgruine
edelmütig
die Ehre
ehrenhaft
der Eid
die Fackel
die Fahne
der Falke
die Fehde
das Fest
das Festmahl
die Flöte
furchtlos
der Fürst
die Fürstin

kämpferisch

der Gaukler
das Gemach
der Gesang
der Handwerker
der Harnisch
der Helm

die Jagd
der Jongleur
der Kampf
kämpfen
kämpferisch
die Kemenate
das Kettenhemd
der Knappe
der Knecht
der Kreuzzug
der Krieg
die Lanze
die Laute
die Magd
der Minnesänger
das Mittelalter
mittelalterlich

der Falke

der Mönch
der Morgenstern
der Mundschenk
der Musikant
der Mut
mutig

der Ritterschlag

der Narr
die Nonne
der Page
der Pfeil
das Pferd
plündern
die Plünderung
der Rammbock
der Raub
rauben
der Raubritter
reiten
der Ritter
ritterlich
die Ritterlichkeit
der Ritterschlag
die Rüstung
schießen
der Schild
die Schlacht

schlagen
der Schmied
das Schwert
das Siegel
die Sporen
der Steinmetz
die Steinschleuder
stolz
die Tafel
tafeln
tanzen
tapfer
die Tapferkeit
die Treibjagd
die Tugend
der Turm
das Turnier
das Verlies
der Vers
das Visier
die Wache
der Wachturm
das Wappen
der Wegezoll
der Wehrturm
der Zimmermann
die Zunft
der Zwinger

angreifen

Wie kommen die Kinder zur Jugendherberge, wenn sie vorher noch ins Schwimmbad wollen? Wo liegt der Sportplatz?

Schon mal drüber nachgedacht …

… was in diesen Ämtern gemacht wird?

Kulturamt
Arbeitsamt
Bauamt
Sozialamt
Ordnungsamt
Standesamt
Jugendamt
Umweltamt

Städte früher und heute

In jedem Dorf gibt es außer dem Rathaus meist eine Kirche, ein Gasthaus und einen Friedhof. Je größer die Stadt ist, desto umfangreicher ist ihr Freizeitangebot: Kinos, Theater, Schwimmbäder, Parks – und natürlich viele Geschäfte und Restaurants. Größere Städte waren früher immer von einer Stadtmauer umgeben. Denn je wohlhabender die Bürger wurden, desto besser mussten sie sich vor Angriffen schützen. Natürlich waren die Städte damals nicht vergleichbar mit unseren modernen Städten. Es gab weder fließendes Wasser noch eine Kanalisation. Deshalb hat es auf den Straßen auch ganz erbärmlich gestunken: Volle Nachttöpfe, Essensreste, Seifenlauge vom Großwaschtag – alles wurde aus Fenstern und Türen auf die Straße gekippt. Abwassersysteme, Kläranlagen, Feuerwehr und Müllabfuhr sind Errungenschaften moderner Städte. Sie machen das Leben für die Bürger viel angenehmer.

abmelden
anmelden
das Auto
der Autofahrer
die Autofahrerin

die Litfaßsäule

der Bahnhof
die Bank
die Baustelle
besichtigen
der Briefkasten
der Brunnen
die Bücherei
bummeln
der Bürger
die Bürgerin
der Bürgermeister
die Bürgermeisterin
das Büro
der Bus
das Café
das Denkmal
das Dorf
einkaufen
die Eisdiele
fahren
das Fahrrad

die Feuerwehr
der Friedhof
der Fußgänger
die Fußgängerin
die Fußgängerzone
die Gasse
die Gaststätte
der Gehweg
die Gemeinde
der Gemeinderat
das Gericht
das Geschäft
die Großstadt
die Haltestelle
das Haus
das Hochhaus
das Hotel
die Jugendherberge
die Kanalisation
die Kanalratte

die S-Bahn

das Kaufhaus
der Kindergarten
das Kino
der Kiosk
die Kirche
die Kläranlage

der Tourist

die Kleinstadt
der Konzertsaal
das Krankenhaus
die Kreuzung
der Lärm
laut
die Litfaßsäule
die Müllabfuhr
das Museum
der Park
das Parkhaus
der Parkplatz
die Parkuhr
die Passage
die Pizzeria
das Plakat
der Platz
die Polizei
die Polizeiwache
die Post
der Radfahrer
die Radfahrerin
der Radweg
das Rathaus
das Restaurant
die S-Bahn
das Schaufenster
schlendern
der Schnellimbiss
die Schule
das Schwimmbad

die Sehenswürdigkeit
der Spielplatz
der Sportplatz
städtisch
die Stadtmauer
die Stadtverwaltung
die Stadtwerke
der Stau
die Steuer
der Strafzettel
die Straße
die Straßenbahn
die Straßenbeleuchtung
die Tankstelle
das Taxi
die Telefonzelle
das Theater
der Tourist
die Touristin
die U-Bahn

die U-Bahn

die Universität
der Verkehr
der Wohnsitzlose
der Zebrastreifen
das Zentrum

der Straßenmusikant

Unser Planet

Die Erde ist eine Kugel, die um die Sonne kreist.

Das tiefste Bohrloch in der Erdkruste ist 12 km tief. Dort ist es 450 °C heiß. Je tiefer man kommt, desto heißer wird es. Im flüssigen Erdkern herrschen bis zu 5000 °C.

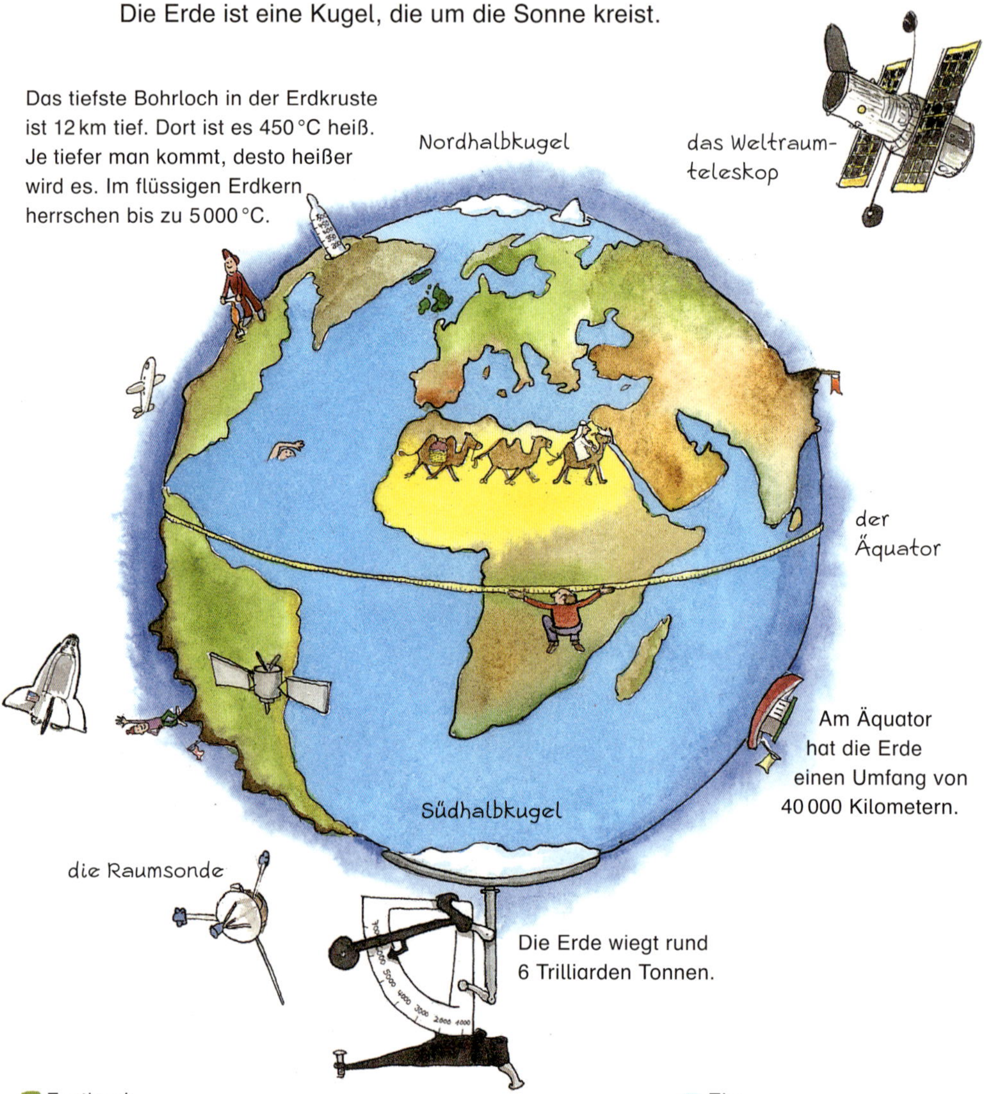

Am Äquator hat die Erde einen Umfang von 40 000 Kilometern.

Die Erde wiegt rund 6 Trilliarden Tonnen.

Festland:
Es gibt sieben Kontinente auf der Erde. Asien ist der größte.

Gebirge:
Auf allen Kontinenten gibt es gewaltige Gebirge. Der höchste Berg ist der Mount Everest mit 8 848 Metern.

Wasser:
Über zwei Drittel der Erde sind mit Wasser bedeckt. Die Ozeane sind alle miteinander verbunden. Man könnte mit dem Schiff einmal um die Welt fahren, ohne an Land gehen zu müssen.

Eis:
Die kältesten Stellen der Erde sind die Pole.
Es kann dort manchmal kälter als –80 °C sein.

Wüste:
Sandwüsten sind trocken und heiß. Es regnet dort fast nie.

Die Erde und ihre Bewohner

Die Erde ist von einer Lufthülle umgeben, die man Atmosphäre nennt. Dort entsteht das Wetter. Gleichzeitig schützt uns diese Hülle vor den schädlichen UV-Strahlen der Sonne. Im Laufe eines Jahres umkreist die Erde auf einer festen Bahn die Sonne. So entstehen die vier Jahreszeiten. Und weil die Erde sich dabei innerhalb von vierundzwanzig Stunden auch noch um ihre eigene Achse dreht, wechseln Tag und Nacht sich ab. Menschen gibt es überall auf der Erde. Sie unterscheiden sich in ihrem Aussehen, ihrer Kultur und ihrer Lebensweise. Angst vor Fremdem führt oft zu Missverständnissen, manchmal sogar zu Kriegen. Dabei wissen wir heute viel mehr voneinander als früher: aus Reiseberichten, Büchern oder aus dem Fernsehen. Außerdem sprechen immer mehr Menschen Fremdsprachen. Wenn man versucht einander zu verstehen, entdeckt man, wie viel man voneinander lernen kann.

Afrika
die Antarktis
die Anziehungskraft
der Äquator
die Arktis
Asien
der Astronaut
die Astronautin
die Atmosphäre
Australien
die Bodenschätze
der Breitengrad
drehen

die Ebene
die Elemente
die Erdachse
das Erdbeben
die Erde
die Erdkruste
der Erdteil
Europa

das Feuer
der Fluss
das Gebirge
das Gestein
der Geysir
die Gezeiten
der Gletscher
die Himmelsrichtung
das Hochland
die Höhle
die Insel
die Jahreszeit
der Jupiter
das Klima
die Klimazone
der Komet
der Kompass
der Kontinent

der Kosmonaut
die Kosmonautin
die Küste
das Land
die Landschaft
der Längengrad
die Luft
der Mars

die Schwerelosigkeit

das Meer
der Mensch
der Merkur
der Meteorit
die Milchstraße
Mittelamerika
der Mond
die Mondfinsternis
die Nacht
der Neptun
der Neumond
Nordamerika
der Norden
der Nordpol
der Osten
der Ozean
die Ozonschicht
die Pflanze
der Planet
der Pluto
das Polareis
die Rakete
das Raumfahrzeug
die Raumstation
der Regen
der Regenwald
der Satellit
der Saturn
die Schwerelosigkeit
die Schwerkraft
der See

die Sonne
die Sonnenfinsternis
das Sonnensystem
der Stern
die Sternschnuppe
Südamerika
der Süden
der Südpol
der Tag
das Tal
das Tier
die Tropen
die Tundra
umkreisen
die Umlaufbahn
das Universum
der Uranus
der Urknall
die Venus
der Vollmond
der Vulkan
der Wald
das Wasser
der Wasserkreislauf
das Weltall
der Westen
das Wetter
der Wind
die Wolken
die Wüste
die Zeitzone

die Umlaufbahn

Im Garten

In einem Garten, in dem es unaufgeräumte Ecken gibt, fühlen Tiere sich wohl. Sie finden dort Unterschlupf und Nahrung.

Im morschen Gehölz leben Käfer, Würmer und viele kleine Tiere.

Früchte, die im Garten liegen bleiben, werden von Schnecken, Wespen und Vögeln gefressen.

Der Igel versteckt sich gerne unter einem Laubhaufen.

Draußen im Grünen

Es gibt unterschiedliche Gärten: verwilderte und gepflegte, Blumen- und Gemüsegärten, Steingärten, botanische und zoologische Gärten. Eines haben sie aber alle gemeinsam: Sie sind ein vom Menschen gestaltetes Stück Natur.
In den Stadtparks zum Beispiel kann man sich im Grünen erholen, spielen oder spazieren gehen, ohne auf Autos achten zu müssen. Die Spielplätze, Picknickwiesen und Grillecken in den Parks sind im Sommer beliebte Treffpunkte.
Einige Familien haben einen eigenen Garten um ihr Haus, in dem sie säen, pflanzen und ernten. Manchmal trägt der Wind die Samen von Wildblumen in die Gärten. Unkraut nennen die meisten diese Pflanzen, die sie nicht selbst gesät haben, und jäten sie, sobald sie aufgegangen sind. Auch tierische Besucher sind nicht immer gern gesehen. An Schmetterlingen erfreut sich jeder, aber die Raupen werden oft bekämpft.

Im Garten

der Ableger
die Ameise
die Amsel
der Apfelbaum
das Baumhaus
die Beere
das Beet
die Biene
der Birnbaum
das Blatt
die Blattlaus
blühen
die Blume
die Blumenzwiebel
die Blüte
die Bohne
der botanische Garten
duften
düngen
die Erbse
die Erde
die Erholung
ernten
die Frucht
der Garten
die Gartenarbeit
die Gartenmöbel
die Gartenschere
der Gartenzwerg
der Gärtner

die Gärtnerin
das Gemüsebeet
der Geräteschuppen
gießen
die Gießkanne
das Gras
grillen
die Hacke
hacken
die Hecke
die Hummel
der Igel
jäten
der Käfer
die Karotte
keimen
der Kirschbaum

die Kletterpflanze
die Knolle
die Knospe
der Kompost
die Kräuter
der Kürbis
der Laubhaufen
die Leiter

der Maulwurf
die Maus
die Meise
das Nest
der Park
pflanzen
pflücken
das Radieschen
der Rasen
der Rasenmäher
der Rasensprenger
die Raupe
der Rechen
die Regentonne
der Regenwurm
reif
das Rotkehlchen

pflanzen

säen
der Salat
der Samen
der Sandkasten
die Schaufel
die Schaukel
der Schlauch
der Schmetterling

der Zaunkönig

die Schnecke
schneiden
die Schubkarre
der Spaten
der Sperling
spielen
die Spinne
sprießen
der Stängel
der Steckling
der Strauch
stutzen
der Teich
die Tomate
umgraben
das Unkraut
verblühen
verwelken
verwildern
der Vogel
das Vogelhäuschen
wachsen
wuchern
die Wurzel
der Zaun
der Zaunkönig
der zoologische Garten
die Zucchini

Auf dem Bauernhof

Früher mussten die Bauern die meisten Arbeiten von Hand ausführen.

Heute übernehmen das moderne Maschinen.

Schon mal drüber nachgedacht …

… warum es in den meisten Sprachen ein Wort für Mehl gibt?

flour – Englisch
farina – Italienisch
小麦粉 – Japanisch
farine – Französisch
קמח – Hebräisch
jauho – Finnisch
αλεύρι – Griechisch
un – Türkisch
harina – Spanisch

Die Lebensmittel, die vom Bauern hergestellt werden, kannst du im Supermarkt kaufen.

Findest du die Spur dieser Lebensmittel zurück auf den Bauernhof?

Warum stammen die meisten Eier im Supermarkt aus Käfighaltung?

Beim Biobauern

Bauernhöfe, wie man sie aus Bilderbüchern kennt, findet man heute kaum noch. Bauern züchten entweder eine ausgesuchte Tierart, oder sie bauen Nutzpflanzen an.
Kluge Landwirte halten ihre Tiere artgerecht. Denn nur, wenn die Tiere sich wohlfühlen, bleiben sie gesund. Beim Ackerbau kann man oft auf chemische Düngemittel verzichten, indem man Gülle, Mist und Jauche auf die Felder fährt. So werden dem Boden auf natürliche Weise Nährstoffe zugeführt.
Im Frühjahr bereitet der Bauer seine Felder mit der Egge auf die Aussaat vor. Im Spätsommer wird gemäht und geerntet. Dann sieht man das Stroh zu großen Strohballen gepresst auf den abgeernteten Stoppelfeldern liegen.
Auf vielen Bauernhöfen wurden Hofläden eingerichtet. Dort gibt es Obst und Gemüse aus eigenem Anbau, und man kann selbst gemachte Säfte, Marmelade, Wurst und Käse kaufen.

Auf dem Bauernhof

der Acker
die Ähre
anbauen
der Anhänger
artgerecht

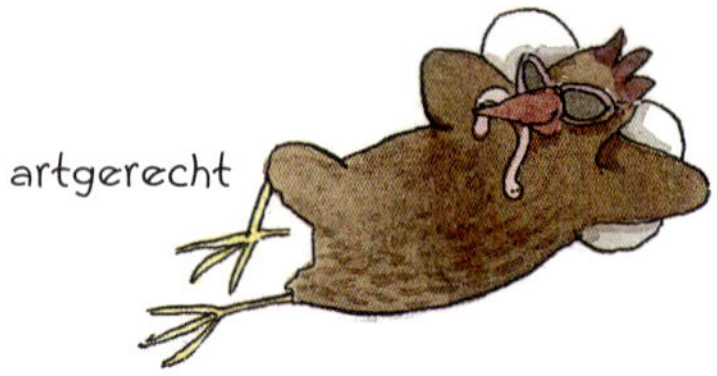

ausmisten
der Bauer
die Bäuerin
der Bauernhof
bellen
der Biobauer
die Bodenhaltung
die BSE-Krise
der Dinkel
dreschen
das Düngemittel
düngen
die Egge
das Ei
die Ente
die Ernte
ernten
das Feld
die Fledermaus
die Fliege
fruchtbar

füttern
gackern
die Gans
das Gemüse
die Gerste
das Getreide
das Gewächshaus
die Grannen
grasen
grunzen
die Gülle
der Hafer
der Hahn
das Heu
der Hofladen
das Huhn
der Hund
die Jauche
das Kalb

die Kartoffel
die Katze
keimen
der Klatschmohn
der Kohl
der Kompost
das Korn

das Stoppelfeld

die Kornblume
die Kuh
der Landwirt
die Landwirtin
die Landwirtschaft
die Legebatterie
die Legehenne
der Mähdrescher
mähen
der Mais
mästen

der Raps

die Maus
melken
die Melkmaschine
die Milch
die Milchkuh
der Mist
die Mistgabel
das Obst
das Pferd
das Pflanzenschutz-
mittel
pflücken
der Pflug
pflügen
die Pute

der Raps
reif
das Rind
der Roggen
die Saat
die Saatkrähe
säen
die Sämaschine
der Schädling
das Schaf
die Scheune
schnattern
die Schwalbe
das Schwein
die Sense
das Silo
der Stall
das Stoppelfeld
das Stroh
der Strohballen
der Tierarzt
der Traktor
die Tränke
der Trog
das Vieh
das Viehfutter
die Weide
der Weizen
wiehern
die Ziege
die Zuckerrübe

die Legehenne

Im Wald

Menschen verbringen ihre Freizeit gerne im Wald.

Der Wald als Lebensraum

Überall auf der Welt, wo ausreichend Regen fällt, wachsen Wälder. Sie bedecken fast ein Drittel der gesamten Landfläche. Sie liefern Sauerstoff und speichern Feuchtigkeit. Manche Wälder sind undurchdringliche Urwälder. In anderen erkennt man den Einfluss des Menschen zum Beispiel daran, dass Bäume gefällt und Waldwege angelegt werden.
In den europäischen Mischwäldern leben viele große und kleine Tiere. Einige haben fast keine natürlichen Feinde mehr, da die großen Raubtiere wie Bären und Wölfe selten geworden sind. Deshalb müssen Jäger dafür sorgen, dass der Wildbestand nicht zu groß wird. Im Winter achten Förster darauf, dass das Wild mit Nahrung versorgt ist. Während die einen sich füttern lassen, sammeln andere ihren Wintervorrat selbst, zum Beispiel Eichhörnchen. Und wieder andere Tiere verschlafen die Winterzeit einfach.

der Ahorn
der Ameisenhaufen
äsen
der Ast

aufforsten
ausbrüten
die Axt
der Baum
die Baumkrone
die Baumschule
der Baumstamm
der Baumstumpf
die Birke
das Blatt
der Borkenkäfer
die Buche
die Buchecker
der Busch
der Dachs
dicht
das Dickicht
die Eiche
die Eichel
der Eichelhäher
das Eichhörnchen
die Eule

die Fährte
fällen
der Farn
die Fichte
finster
der Fliegenpilz
der Förster
die Försterin
die Forstwirtschaft
der Frischling
der Fuchs
der Fuchsbau
der Futterplatz
der Hirsch
der Hirschkäfer
die Hirschkuh
der Hochsitz
das Holz
jagen
der Jäger
die Jägerin
kahl

der Kahlschlag
die Kastanie
die Kiefer
das Kitz
klettern
knacken
knarren
der Kobel
kriechen

morsch

der Kuckuck
kühl
die Lärche
das Laub
der Laubwald
die Lichtung
der Marder
der Mischwald
das Moos
morsch
die Motorsäge
der Nadelwald
das Nest
die Paarungszeit
der Pilz
Pilze suchen
rascheln
das Reh
der Rehbock
die Rinde
roden
der saure Regen
schattig
die Schonung

spazieren gehen
der Specht
der Steinpilz
summen
die Tanne
der Uhu
der Urwald
das Veilchen
vermodern
das Vogelgezwitscher
der Wald
die Waldameise
der Waldarbeiter
die Waldarbeiterin
die Waldbeere
der Waldbrand
der Waldkauz
das Waldsterben
der Waldweg
der Wildbestand
das Wildschwein
der Winterschlaf
der Wintervorrat
die Wurzel
der Zapfen
die Zecke
der Zweig

der Winterschlaf

die Paarungszeit

Im Teich leben viele kleine Tiere und Pflanzen. Um sie genau zu beobachten, braucht man eine Ausrüstung:

das Schraubglas

der Kescher

die Lupe

die Petrischale

die Pinzette

So baust du eine Unterwasserlupe:

Das kannst du mit deiner Lupe sehen:

Mückenlarve

der Frosch

die Kröte

Ob in einem Teich Frösche oder Kröten heranwachsen, kann man am Laich erkennen.

Wo die Libellen jagen

An den Ufern der meisten Bäche oder Seen wachsen Binsen oder Schilf. Sie bieten vielen Wasservögeln, Schlangen und Fröschen Schutz und Deckung. In den Bäumen und Büschen am Ufer finden Vögel Nistplätze. Aber nicht nur am Ufer gibt es Leben, sondern auch im Wasser. Die sumpfigen Uferbereiche von Seen und Tümpeln sind ein idealer Lebensraum für Kaulquappen und Libellenlarven. Forellen bevorzugen das sauerstoffreiche Wasser schnell fließender Bäche und kleiner Flüsse. Weiter flussabwärts, wo das Wasser langsamer fließt, leben Barsche und Hechte. Diese Raubfische ernähren sich vor allem von kleineren Fischen.
Leider sind auch immer noch viele europäische Flüsse und Seen durch Abwässer verunreinigt. Doch dem Umweltschutz verdanken wir es, dass die Wasserqualität heute schon wieder viel besser ist als noch vor einigen Jahren.

An Bach, Teich und Fluss

der Aal
das Abwasser
die Alge
die Amphibien
angeln
der Angler
die Anglerin
austrocknen
der Bach
der Barsch
der Biber
die Binse
das Biotop
das Blesshuhn
die Blindschleiche
brüten
der Egel

die Eintags-
fliege

die Eintagsfliege
der Eisvogel
die Ente
die Erle
feucht
der Feuersalamander
der Fisch
der Fischotter
der Fischreiher

gluckern

flach
fließen
der Fluss
flussabwärts
flussaufwärts
das Flussbett
der Flusskrebs
die Flussmündung
die Forelle
der Frosch
gluckern
der Graureiher
der Hecht
das Hochwasser
das Insekt
der Karpfen
die Kaulquappe
der Kescher
klar
kriechen
die Kröte
die Krötenwanderung
das Küken
der Laich
laichen
die Larve
die Libelle

die Krötenwanderung

das Moderlieschen

der Moder
das Moderlieschen
der Molch
das Moor
moorig
die Mücke
der Nistplatz
die Pappel
das Plankton
plätschern
quaken
die Quelle
die Ratte
der Raubfisch
die Ringelnatter
sauber
das Schilf
der Schlamm
die Schlingpflanze
schnattern
die Schnecke
der Schwan
die Schwertlilie
schwimmen
schwirren
der See
die Seerose
der Storch
der Strom
summen
der Sumpf
die Sumpfdotterblume
sumpfig
die Sumpfzone
das Süßwasser
tauchen
der Teich
die Teichmuschel
die Teichrose
tief
trüb
der Tümpel
überschwemmen

die Wasserlinsen

das Ufer
die Uferzone
verunreinigt
das Wasser
der Wasserfloh
der Wasserlauf
der Wasserläufer
die Wasserlinsen
die Wasserpest
die Wasserpflanze
die Wasserqualität
die Weide
der Weiher
wuchern

WARUM WIRD GENAU GEREGELT, WIE VIEL GEFISCHT WERDEN DARF?

Auf dem Meer fahren schwimmende Fischfabriken, die den gefangenen Fisch an Bord sofort verarbeiten. Über Radar machen sie die Fischschwärme ausfindig.

Das Wasser der Meere ist ständig in Bewegung.

Ohne Geräte hält ein Mensch es nur drei bis vier Minuten unter Wasser aus, ohne zu atmen.

Tiefseetaucher können bis zu 600 Meter tief tauchen. Dort unten sehen sie fast nichts mehr.

Sonne, Sand und Meer

Im Schwimmbad ist das tiefe Sprungbecken drei Meter tief. Im Meer dagegen spricht man bei einer Wassertiefe von bis zu 200 Metern noch von Flachwasser. In diesem küstennahen Bereich findet man die meisten Tier- und Pflanzenarten, weil das Meer hier lichtdurchflutet ist. Im offenen Meer ernähren sich viele Tiere von Plankton, winzigen Lebewesen, die im Wasser schweben. In der Tiefsee dringt kein Sonnenlicht mehr bis auf den Meeresgrund, und der Wasserdruck ist sehr hoch. Hier wachsen keine grünen Pflanzen mehr. Daher sind die meisten Tiefseefische Raubfische. Viele von ihnen ähneln kleinen Meeresungeheuern. Man erkennt sie an den großen, lichtempfindlichen Augen und an ihren äußerst scharfen Zähnen. Manche von ihnen haben sogar lange Leuchtorgane, mit denen sie andere Fische anlocken. Nur nachts steigen sie zur Nahrungssuche in höhere Wasserschichten auf.

Im Meer und an der Küste

der Fisch-
schwarm

der Aal
die Alge
der Anker
der Barsch
die Bö
die Bohrinsel
das Brackwasser
die Bucht
der Deich
der Delfin
die Düne
die Ebbe
die Fähre
das Fangnetz
der Felsen
der Fisch
fischen
der Fischer
die Fischerin
der Fischkutter
der Fischschwarm
das Flachwasser
die Flaschenpost
die Flut
die Garnele
die Gezeiten
der Hafen

der Hai
die Halbinsel
die Hallig
der Hering
der Hummer
die Insel
der Kabeljau
der Kapitän
die Klippe
das Korallenriff
die Krabbe
der Krake
der Krebs
die Küste
die Küstenwacht
der Leuchtturm
das Meer

das Schiffswrack

der Meeresgrund
das Meeresleuchten
das Meeresungeheuer
die Möwe
die Muschel
nass
die Ölpest
der Ölteppich

die Ebbe

der Ozean
das Plankton
der Priel
die Qualle
das Rettungsboot
die Rettungsinsel
das Riff
salzig
das Salzwasser
der Sand
die Sandbank
sandig
das Schiff
das Schiffswrack
der Schlick
schwimmen
die Schwimmweste
der Seehund
der Seeigel
der Seemann
die Seenot
das Seepferdchen
die Seeschwalbe
der Seestern
das Segelboot
segeln
seicht
sinken
die Springflut
spritzen

der Strand
die Strömung
der Strudel
der Sturm
stürmen
die Sturmflut
stürmisch
die Sturmwarnung
surfen
der Tang
der Tanker
tauchen
der Teer
der Thunfisch

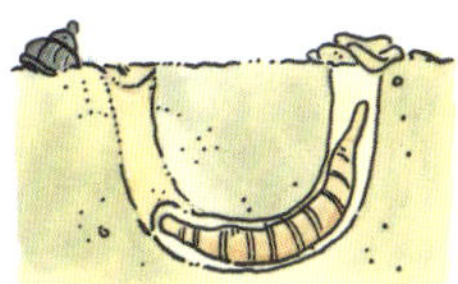

die Tiefsee
tosen
verschmutzt
der Wal
das Wasser
der Wasserdruck
die Wasserpflanze
das Watt
der Wattwurm
die Welle
der Wind
windig

In den Bergen

Je höher man auf die Berge hinaufsteigt, umso kälter wird es. Auch der Sauerstoffgehalt in der Luft wird immer geringer. In sehr großen Höhen ist die Luft so dünn, dass Bergsteiger ein Sauerstoffgerät brauchen.

Wenn die Lufttemperatur sinkt, wechseln einige Tiere die Farbe ihres Fells oder Federkleids.

Kennst du die berühmtesten und höchsten Berge der Welt?

Wenn der Berg ruft

Hohe Berge, die man früher nur in stundenlangen Wanderungen besteigen konnte, erreicht man heute oft ganz bequem mit der Seilbahn. Wer allerdings Gämsen oder Murmeltiere beobachten will, muss sich ruhigere Wanderwege suchen. Gipfelstürmer brauchen zum Klettern eine besondere Ausrüstung: Seile, Haken, Karabiner, Steigeisen und Pickel. Oberhalb der Baumgrenze geht es damit über steile Felsenpfade und über Gletscher bis zum Gipfel.
Im Gebirge kann es ziemlich gefährlich werden. Das Wetter schlägt hier oft ganz plötzlich um. Immer wieder werden selbst erfahrene Wanderer und Skifahrer von Geröll- oder Schneelawinen überrascht. Dann rückt die Bergwacht aus. Mit Lawinensuchhunden sucht sie nach Verschütteten und birgt die Verletzten, die dann mit Hubschraubern auf dem schnellsten Weg in die umliegenden Krankenhäuser geflogen werden.

der Abgrund
der Abhang
abrutschen
abseilen
absteigen
abstürzen
abwärts

der Auerhahn

die Alm
die Almhütte
die Alpenrose
der Auerhahn
aufsteigen
aufwärts
die Aussicht
der Bach
die Baumgrenze
der Berg
das Bergsteigen
bergab
bergauf
die Bergbahn
der Bergführer
bergig
der Bergsee
der Bergsteiger
die Bergsteigerin
die Bergwacht
die Bergziege
das Echo
das Edelweiß
der Enzian

gebirgig

der Erdrutsch
der Felsen
felsig
die Felswand
die Gämse
das Gebirge
gebirgig
der Geier
das Geröll
das Gestein
der Gipfel
das Gipfelkreuz
der Gletscher
die Gletscherspalte
die Gondel
hoch
das Hochgebirge
die Höhenangst
die Höhle
jodeln
kahl
klettern
der Klettersteig
die Lawine
die Lawinengefahr
der Lawinensuchhund

das Murmeltier
der Pass
der Pickel
der Pulverschnee
der Rucksack
Schlitten fahren
die Schlucht
der Schnee
schneebedeckt
die Schneegrenze
das Schneemobil
die Schneeschmelze
der Schneesturm
schroff
schwindelfrei

schwindelig
schwitzen
das Seil
die Seilbahn
senkrecht
die Serpentine
der Sessellift
die Sicherheit

sichern
Ski fahren
der Skilift
die Skipiste
die Skischule
das Skispringen
Snowboard fahren
der Stausee
steil
die Steilwand
der Steinadler
der Steinbock
das Tal
tief
der Tiefschnee
trittsicher
der Tunnel
das Unwetter
verschüttet
die Wanderkarte
wandern
der Wanderweg
der Wasserfall
das Wasserkraftwerk
die Wetterstation
der Wettersturz
der Wintersport
zerklüftet

Keine Schneeflocke gleicht der anderen. Aber alle sind sie sechseckig.

Manchmal sinkt die Temperatur an den Polen unter –80 °C.

Nur etwa ein Neuntel des Eisberges ragt aus dem Wasser.

DIE INUIT KENNEN VIELE AUSDRÜCKE FÜR „SCHNEE“.

Der Gletscherfloh lebt in den Alpen. Bei etwa 10 °C erleidet er den Hitzetod.

Im ewigen Eis

Die beiden Pole liegen in den kältesten Regionen unserer Erde. Man spricht deshalb auch von Eiswüsten.
Der Südpol liegt auf festem Land: der Antarktis. Hier brüten Albatrosse und Pinguine. Im Landesinneren ist die Antarktis von einer bis zu vier Kilometer dicken Eisschicht bedeckt, die nur im Sommer an den Küsten und auf den umliegenden Inseln für kurze Zeit zu tauen beginnt.
Der Nordpol hingegen besteht aus einer riesigen Eisplatte, die im Nordpolarmeer schwimmt. Immer wieder brechen vom Rand dieser Platte Eisschollen ab. Im Meer zwischen dem Nordpol und der Küste Grönlands entsteht so im Sommer ein großes Packeisfeld, das im Winter wieder zufriert. Hier leben die Eisbären. Sie jagen Robben und manchmal auch Rentiere. Im Sommer wird die Gegend von riesigen Mückenschwärmen beherrscht. Also: Urlaub am Pol nur im Winter!

der Albatros
die Antarktis
die Arktis
die Baumgrenze
bitterkalt
das Blockhaus
der Braunbär
der Dauerfrost
dunkel
eingeschneit

das Eis
der Eisbär
der Eisberg
der Eisbrecher
die Eisdecke
der Eisfuchs
eisig
eiskalt
das Eismeer
der Eisregen
die Eisschmelze
die Eisscholle
die Eiswüste
der Eiszapfen
die Eiszeit
der Elch
die Erdölindustrie

erfrieren
der Eskimo
das ewige Eis
die Expedition
das Fell
das Fischerdorf
der Fischfang
der Fjord
die Flechte
die Forschungsstation
frieren
der Frost
frostig
gefrieren
der Gefrierpunkt
gefroren
gleiten
der Gletscher

der Gletscherfloh
die Harpune
die Herde
das Hermelin
der Hundeschlitten
der Husky
das Iglu
die Inuit

das Packeis

der Kajak
kalt
die Kälte
die Küstenseeschwalbe
der Lemming
die Mitternachtssonne
das Moos
der Motorschlitten
das Nordkap
der Nordpol
die Orkanböe
das Packeis
der Pinguin
die Pipeline
das Plankton
der Pol
der Polarforscher
die Polarforscherin
der Polarkreis
das Polarlicht
das Polarmeer
die Polarnacht
das Rentier
die Robbe
der Schlitten
der Schlittenhund
das Schmelzwasser
der Schnee
die Schneeeule

der Schneefuchs
die Schneegans
der Schneehase
das Schneehuhn
die Schneeraupe
der Schneesturm
die Schneewehe
schneeweiß
der Ski
der Südpol
tauen
das Tauwetter
das Treibeis
die Tundra
überwintern
vereist
verschneit
das Versorgungsflugzeug
der Wal
das Walross
weit
die Weite
die Wetterstation
der Wolf
der Zobel
zufrieren

der Zobel

die Forschungsstation

Oasen sind grüne Inseln mitten in der Wüste. Sie entstehen, wo sich Wasser in unterirdischen Gesteinsschichten gesammelt hat.

Der Mensch ist eigentlich nicht für ein Leben in der Wüste geeignet. Aber er hat Behausungen, Kleidung und Gewohnheiten gefunden, sich auch dort einzurichten.

Die Tiere in der Wüste kommen mit der Hitze und dem Wassermangel gut zurecht.

Der Skorpion kann über ein Jahr ohne etwas zu trinken auskommen.

Das Kamel legt Fettpolster an, mit denen es lange futter- und wasserarme Zeiten überstehen kann.

Wüstenechsen heben ihre Beine im Wechsel an, damit die Füße abkühlen können.

Viele kleine Tiere verkriechen sich tagsüber in der Erde.

Unter der sengenden Wüstensonne

Die großen Wüsten liegen in Afrika, Australien, Asien und Amerika. Die Sahara ist die größte von allen. In der Wüste gibt es Temperaturunterschiede von bis zu 50 Grad Celsius. Während tagsüber eine sengende Hitze herrscht, kann es nachts sogar frieren. Außer Dornenbüschen wächst hier fast nichts. Manchmal gehen heftige Regenschauer nieder. Sie verwandeln die Wadis, so nennt man die ausgetrockneten Flussbetten, von einer Sekunde auf die andere in reißende Flüsse. Dann fängt die Wüste an zu blühen, allerdings nur für eine ganz kurze Zeit.
Dort, wo die Wüsten in Halbwüsten und Steppengebiete übergehen, finden auch große Tiere genügend Nahrung. Die wohl berühmteste Grassteppe ist die Serengeti in Afrika. So viel Wild wie hier findet man sonst nirgendwo: ein wahres Schlaraffenland für den König der Tiere, den Löwen.

der Aasfresser
der Aasgeier
die Antilope
der Beduine
die Beute
bewässern
die Bewässerungs-anlage
der Brunnen
der Büffel
das Dromedar
die Dürre
der Durst
durstig
die Eidechse

der Beduine

der Elefant
das Erdöl
die Fata Morgana
der Fels
die Felswüste
der Fleischfresser
flüchten
fressen
die Gazelle
der Geier
der Gepard

die Geröllwüste
die Giraffe
glühend heiß
das Gnu
grasen
die Grassteppe
das Gürteltier
die Halbwüste
heiß
die Herde
hetzen
der Hirte
die Hitze
die Hyäne
jagen
der Kadaver
der Kaktus
die Kakteen
das Kamel
das Känguru
die Karawane
karg
lauern
die Lehmhütte
der Leopard
der Löwe
die Luftspiegelung
der Marabu
die Meute
das Nashorn
der Nationalpark

lauern

der Niederschlag
das Nilpferd
der Nomade
die Oase
öde
die Palme
der Pflanzenfresser
die Raubkatze
das Raubtier
das Revier
das Rudel
die Safari
die Sanddüne
sandig
der Sandsturm
die Sandwüste
der Schakal
der Schatten
scheu
die Schlange
sengende Hitze
der Skorpion
die Sonne
sonnig
der Speer
der Springbock
der Staub
der Steppenbrand
der Strauß
die Tarantel
die Termite

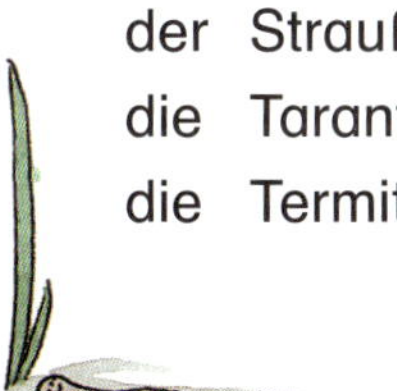

der Schatten

der Termitenhügel
das Trinkwasser
trocken
die Trockenheit

die Tarantel

verbrennen
verdorren
versickern
das Wadi
das Wasserloch
der Wassermangel
die Wasserstelle
welk
wild
der Wilderer
der Wolkenbruch
die Wüste
der Wüstenfuchs
die Wüstenspringmaus
die Wüstenstadt
der Wüstenstamm
das Zebra
das Zelt

der Fleisch-
fresser

Feuer und Licht

Im Laufe der Zeit
wurde es immer heller:

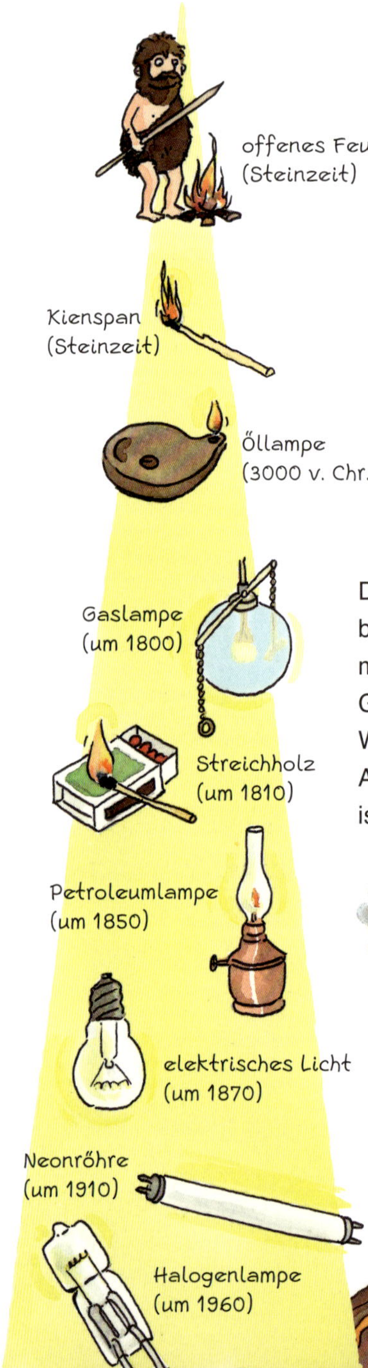

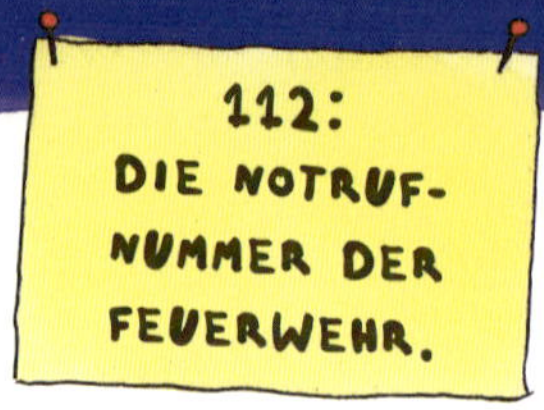

Aus einem unkontrollierten Feuer
kann rasch ein Brand entstehen.

Die Sonne ist ein unruhig
brodelnder Glutball, der
mit seinen flammenden
Gasen für Licht und
Wärme auf der Erde sorgt.
Auf der Oberfläche der Sonne
ist es 6000 Grad Celsius heiß.

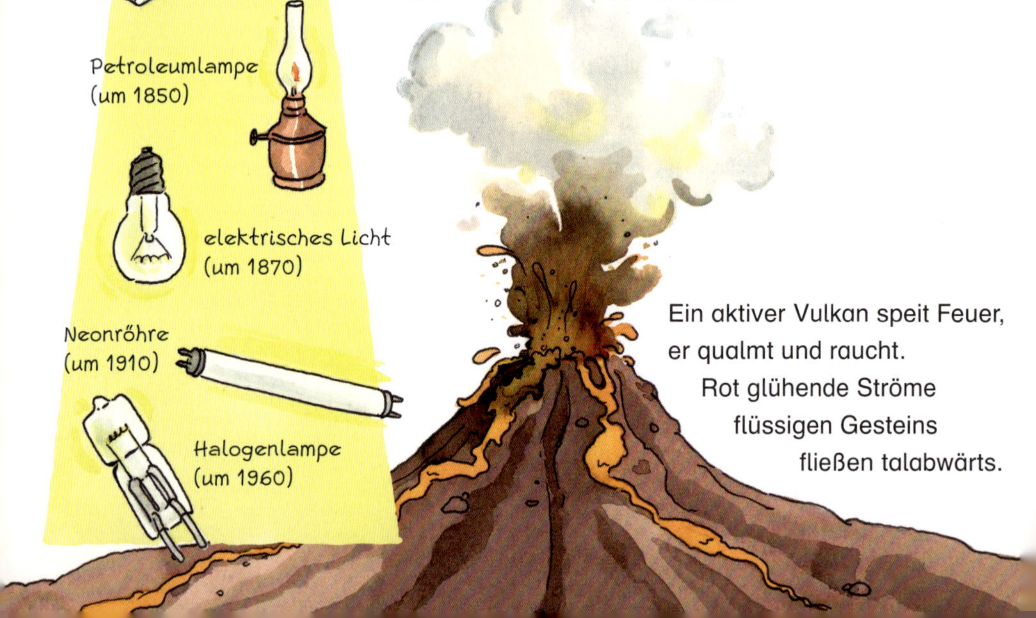

Ein aktiver Vulkan speit Feuer,
er qualmt und raucht.
Rot glühende Ströme
flüssigen Gesteins
fließen talabwärts.

Helligkeit und Wärme

Nichts hat den Fortschritt so sehr beeinflusst wie die „Zähmung" des Feuers. Erst das Feuer machte es den Menschen möglich, Speisen zu garen, Metalle zu schmelzen, Keramik und Glas herzustellen, Häuser zu heizen und Städte zu beleuchten.
Doch das Feuer hat auch zerstörerische Seiten: Verheerende Brände vernichteten früher ganze Städte und richten auch heute noch große Schäden an.
Die Erfindung des Schießpulvers beeinflusste auch die Kriegsführung: Durch den Einsatz von Kanonen und Bomben wurde der Krieg noch bedrohlicher. Das übermäßige Verbrennen von Öl, Kohle und Gas in den letzten Jahrzehnten trägt zudem zur Zerstörung der Ozonschicht bei.
Trotzdem: Ohne Feuer müssten wir auf viele Annehmlichkeiten verzichten. Ein Glück also, dass es unseren Vorfahren gelang, es zu beherrschen!

die Asche
beleuchten
der Blitz
der Brand
der Brandherd
der Brandschutz
die Brandstiftung
die Brandwunde

brennbar
brennen
der Brennofen
der Brennstoff
die Drehleiter
das Dynamit
elektrisch
die Elektrizität
das Elektrizitätswerk
entzünden
erhitzen
ersticken
die Explosion
die Fackel
die Fernwärme
das Feuer
die Feuerleiter
der Feuerlöscher
der Feuerspucker
der Feuerstein
die Feuerwehr
der Feuerwehrmann
die Feuerwehrübung
das Feuerwerk
das Feuerzeug
feurig
flackern
die Flamme
der Funke
das Gas
die Gasheizung
die Gaslampe
die Gasmaske
glimmen
glühen
das Glühwürmchen
die Glut
der Grill
heiß
heizen
hell
der Herd
die Hitze
das Holz
die Holzkohle
der Hydrant
der Kamin

die Kerze

die Sprinkleranlage

die Kerze
die Kohle
das Lagerfeuer
die Lampe
der Laserstrahl
leuchten
das Leuchtfeuer
die Leuchtstoffröhre
der Leuchtturm
der Lichtstrahl
lodern
löschen
das Löschfahrzeug
der Ofen
das Öl
die Ölheizung
die Öllampe
die Petroleumlampe
die Pumpe
der Qualm
qualmen
der Rauch
rauchen
der Rauchmelder
die Rauchvergiftung
die Rauchwolke
der Ruß
rußen

das Schaumlöschmittel
scheinen
das Schießpulver
der Schlauch
schmelzen
der Schmelzofen
der Schutzanzug
die Sonnenenergie
sprengen
der Sprengstoff
die Sprinkleranlage
das Sprungtuch
das Streichholz
der Strom
die Taschenlampe
verbrennen
der Vulkan
der Waldbrand
warm
die Wärme
der Wohnungsbrand
die Zentralheizung
zündeln
der Zunder
die Zündschnur

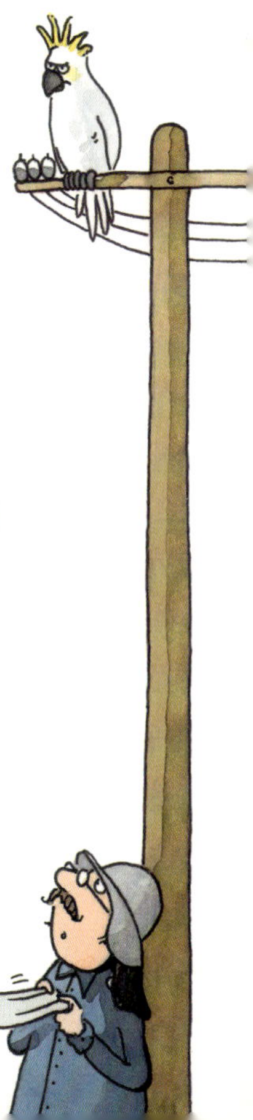

das Sprungtuch

Das Wasser

Wasserkraft kann Strom erzeugen:

Die Kraft des Wassers treibt Turbinen an.

Die Turbinen treiben wiederum den Generator an, der die elektrische Energie erzeugt.

Über Hochspannungsleitungen wird der Strom zu den Haushalten transportiert.

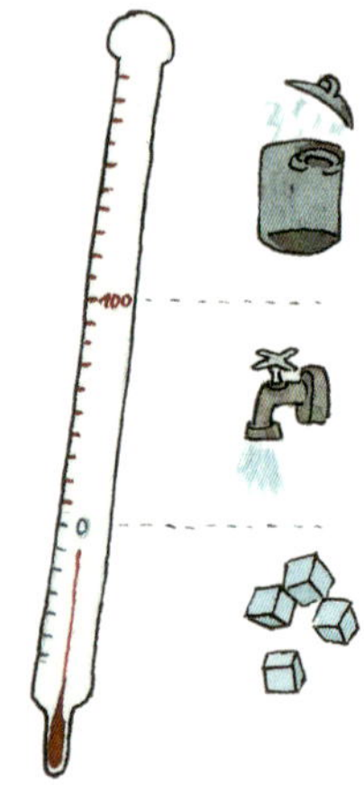

Wasser verändert sich: Wenn es warm wird, dehnt es sich aus, wenn es gefriert auch.

Unter der Straße liegen dicke Wasserrohre.
Von diesen aus führen kleinere Leitungen in die einzelnen Häuser.

Ohne Wasser geht nichts

Wasser kommt in drei Aggregatzuständen vor: als Dampf, flüssig und gefroren. Das macht Wasser vielseitig verwendbar. Als Dampf gart es Speisen oder treibt Turbinen zur Stromgewinnung an. In flüssigem Zustand wird es von Pflanzen, Tieren und Menschen getrunken, man kann damit waschen, Feuer löschen oder darin baden. Als Eis kühlt es Lebensmittel, und wir können Schlittschuh darauf laufen.
Ohne Wasser gäbe es kein Leben auf der Erde. In manchen Gegenden der Welt müssen die Menschen mit wenigen Litern am Tag auskommen. Bei uns hingegen verbraucht jeder im Durchschnitt 130 Liter am Tag. Das entspricht fast dem Inhalt einer Badewanne. Mehr als die Hälfte davon nutzen wir für die Klospülung. Damit Flüsse, Bäche und das Grundwasser nicht verschmutzen, gibt es Kläranlagen, die das Abwasser reinigen, ehe es in den Wasserkreislauf zurückgeleitet wird.

Das Wasser

abfließen
ablaufen
das Abwasser
der Aquädukt
aufweichen
der Bach
das Bad
baden
die Badewanne
das Brackwasser
der Brunnen
der Dampf

durchnässt
das Eis
feucht
fließen
der Fluss
flüssig
frisch
gasförmig
gefrieren
der Gefrierpunkt
das Gewässer
der Geysir
das Grundwasser
der Hochbehälter

der Kanal
die Kanalisation
klar
die Kläranlage
das Klärbecken
kochen
kondensieren
das Meer
das Mineralwasser
das Moor
nass
der Niederschlag

die Pfütze
plätschern
die Pumpe
pumpen
die Quelle
das Quellwasser
die Regentonne
das Regenwasser
rinnen
das Rinnsal
das Salzwasser
sauber
der Sauerstoff
der Schlamm

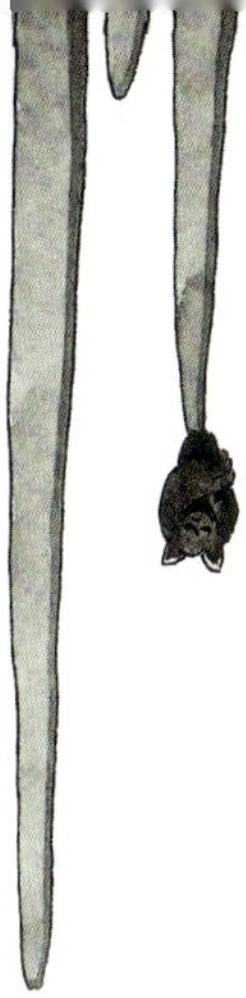

schmutzig
schwimmen
der See
der Siedepunkt
sinken
der Springbrunnen
sprudeln
spülen
die Spülmaschine
der Stausee
der Strom
strömen
der Sumpf
das Süßwasser
der Teich
die Toilette
das Trinkwasser
tröpfeln
der Tropfen
die Tropfsteinhöhle
trüb
die Turbine
überfluten
die Überschwemmung
verdampfen
verdunsten
die Verdunstung
verseucht
versickern
verunreinigt
waschen

die Waschmaschine
wasserdicht
der Wasserdruck
der Wasserfall
der Wasserhahn
die Wasserkraft
der Wasserkreislauf
die Wasserleitung
wasserlöslich
das Wasserrad
die Wasserreinigung
wasserscheu

das Wasserschutzgebiet
der Wasserspiegel
der Wassersport
die Wasserstraße
der Wassertropfen
der Wasserturm
die Wasseruhr
der Wasserverbrauch
die Wasserversorgung
der Wasservorrat
das Wasserwerk
wässrig
das WC

Luft und Wind

Wind kann schreckliche Zerstörungen anrichten, aber auch nützlich sein.

Wälder und Pflanzen halten die Luft sauber. Die Blätter nehmen Kohlendioxid auf und geben Sauerstoff ab.

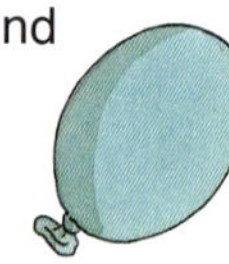

Schon mal drüber nachgedacht …

… was das heißt? in die Luft gehen · dicke Luft · sich in Luft auflösen · frische Luft schnappen · Luftschlösser bauen · jemanden wie Luft behandeln

Wenn die Luft sich bewegt, kann man sie wahrnehmen, obwohl sie eigentlich unsichtbar ist.

So kann man sie hören.

So kann man sie fühlen.

So kann man sie sehen.

Willst du wissen, wie viel Luft du einatmen und wieder ausatmen kannst? Teste es mit diesem Atemmessgerät.

In die Luft gehen

Luft ist unsichtbar. Man kann sie nicht riechen, nicht fühlen, nicht schmecken – und doch ist sie überall. Wenn es aus der Küche nach Kuchen duftet, wird der Geruch von der Luft transportiert. Auch Geräusche und Musik hören wir nur, weil die Luft die Töne trägt. Vor mehr als vierhundert Jahren konnte ein berühmter Forscher beweisen, dass Luft auch etwas wiegt – genau wie Wasser, Sand oder Holz. Und eben weil Luft ein eigenes Gewicht hat, können Drachen und Heißluftballone auch in der Luft „schwimmen" – wie Schiffe auf dem Meer.
Im luftleeren Raum gibt es keinen Wind. Deswegen können Raketen dort nur mit Rückstoßantrieb fliegen.
Auch in unserem Körper stellt Luft einiges an. Wenn wir lachen, rast sie mit bis zu 100 Stundenkilometern durch unsere Lungen. Richtig peinlich kann es werden, wenn die Luft als Pups entweicht. Denn diese Luft riecht meist ziemlich streng!

der Atem
die Atemluft
die Atemnot
atmen
aufblasbar
aufblasen
das Barometer
blähen
blasen
die Bö
die Brise
dicke Luft
der Drachen
der Duft
entlüften
ersticken
der Fächer
der Fallschirm
die Fata Morgana
flattern
die Flaute
fliegen
der Flügel
gleiten
der Hauch
hauchen
der Heißluftballon
der Hochdruck
der Hurrikan
die Kaltluft
die Luft
der Luftantrieb
der Luftballon
das Luftbläschen
die Luftbrücke
das Lüftchen
luftdicht
luftdurchlässig

lüften
die Luftfahrt
die Luftfederung
die Luftfeuchtigkeit
der Luftfilter
luftgetrocknet
die Lufthülle
luftig
der Luftikus
das Luftkissenboot
die Luftkühlung
der Luftkurort
luftleer
das Luftloch
der Luftmangel

die Luftmatratze
der Luftpirat
die Luftpost
die Luftpumpe
die Luftröhre
die Luftschicht
die Luftschlange
das Luftschloss
die Luftspiegelung
der Luftsprung
der Luftstrom
die Lufttemperatur
die Lüftung
die Luftverschmutzung
der Luftwiderstand
der Luftzug
die Lunge
der Mistral
der Orkan
der Papierflieger
pfeifen
der Pfeil
pupsen
pusten
der Sauerstoff
säuseln
der Schall
der Schirokko

das Schlauchboot
schweben
der Schwimmreifen
der Seewind
segeln
der Smog
stickig
der Stickstoff
der Sturm
stürmen
der Taifun
der Tiefdruck
das Vakuum
der Ventilator
die Warmluft
der Wind
die Windgeschwindigkeit
die Windhose
die Windkraft
die Windmühle
das Windrad
der Windsack
der Windstärkemesser
windstill
die Windstille
das Windsurfen
wirbeln
der Wirbelsturm

Das Wetter

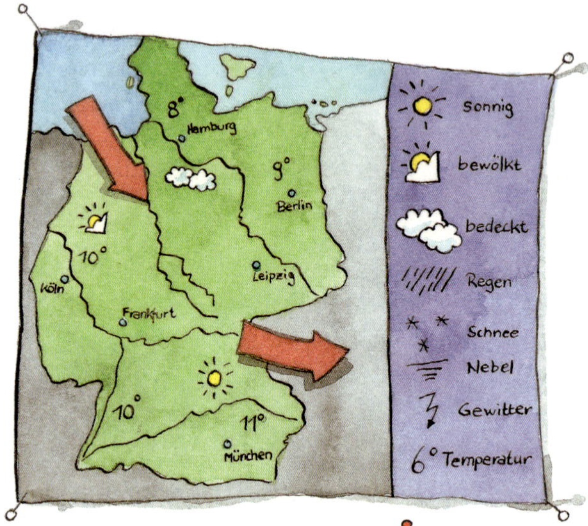

WER MACHT EIGENTLICH DAS WETTER?

Wenn das Wetter schön ist
und die Luft trocken,
öffnen sich die Kiefernzapfen.
Bei Regen schließen sie sich.

Es gibt viele Menschen,
die ständig wissen müssen,
wie das Wetter morgen wird, zum Beispiel
Landwirte, Piloten oder Schiffskapitäne.

Bei diesem Wetter
jagt man doch keinen
Hund vor die Tür!

Alle reden vom Wetter

Über nichts wird so viel geredet und geschimpft wie über das Wetter. Scheint im Sommer wochenlang die Sonne, so klagen die Bauern und Gärtner, es sei zu trocken. Regnet es dagegen häufig, sprechen die Leute von einem schlechten Sommer. Wenn es im Winter schneit, gibt es ruck, zuck ein riesiges Verkehrschaos. Schneit es aber den ganzen Winter über nicht, dann sind sich die Menschen einig, dass die Winter nur früher richtige Winter waren: Es war so kalt, dass Flüsse und Seen zufroren und man jeden Tag Schlittschuh laufen konnte. Und natürlich gab es früher immer Unmengen von Schnee! Die Meteorologen, das sind die Wissenschaftler, die sich mit dem Wetter beschäftigen, haben heute sehr genaue Messgeräte zur Verfügung, um Wettervoraussagen zuverlässiger zu machen. Trotzdem scheint manchmal die Sonne, wenn sie Regen gemeldet haben, und umgekehrt.

abkühlen
das Barometer
die Bauernregel
bedeckt
bewölkt
die Bewölkung
der Blitz
blitzen
böig
der Donner
donnern
dunstig
das Eis
eiskalt
feucht
der Föhn
frieren
der Frost
frostig
das Gewitter
das Glatteis
der Graupel
der Hagel
hageln
heiß
heiter
die Himmelsrichtung
die Hitze
die Jahreszeit
kalt
die Kälte

klar
kühl
der Meteorologe
die Meteorologin
mild
nass
nasskalt
der Nebel
neblig
der Niederschlag
nieseln
der Nieselregen
der Orkan
pfeifen
der Raureif

der Regen
der Regenbogen
die Regenkleidung
der Regenschirm
der Regentropfen
regnen
regnerisch
der Schauer
scheinen
der Schnee
die Schneeflocke

das Schneegestöber
der Schneesturm
das Schneetreiben
schneien
schütten
schwitzen
schwül
sommerlich
die Sonne
der Sonnenbrand
der Sonnenschein
der Sonnenschutz
sonnig
der Sturm
stürmen
stürmisch
der Tau
tauen
das Tauwetter
die Temperatur
das Thermometer
trocken
trüb
das Unwetter
vereist
warm

die Wärme
wechselhaft
wehen
das Wetter
der Wetterballon
der Wetterbericht
der Wetterdienst
der Wetterfrosch

der Wetterhahn
die Wetterkarte
das Wetterleuchten
der Wettersatellit
die Wetterstation
die Wettervorhersage
der Wind
die Windgeschwindigkeit
windig
die Windrichtung
der Windsack
die Windstärke
windstill
der Windstoß
die Wolke
der Wolkenbruch
wolkenlos
wolkig

Immer wieder werden große Umweltkonferenzen einberufen, weil sich Politiker und Experten aus aller Welt Sorgen über den Zustand unserer Erde machen.

unnötiges Licht ausmachen

Müll vermeiden und trennen

Wasser sparen

beim Einkaufen auf Umweltzeichen achten

kein Dauerlüften im Winter

elektrische Geräte vom Netz nehmen

Die Umwelt schützen

Hier, wo wir leben, gibt es weder schlimme Erdbeben noch zerstörerische Wirbelstürme, keine Dürren und nur selten Überschwemmungen.
Viele der Umweltkatastrophen bei uns werden von den Menschen selbst verursacht. Die Lawinenunglücke in den Skigebieten zum Beispiel hängen eng damit zusammen, dass die Hänge nach und nach abgeholzt wurden, um neue Skipisten bauen zu können. Und Treibhauseffekt, Klimaveränderung und Waldsterben sind letztendlich Folgen der Luftverschmutzung.
Die nordamerikanischen Indianer sagen: „Wir haben die Erde von unseren Kindern nur geliehen!“ Das erkennt man nach und nach auch in den Industrieländern. Vertreter der Regierungen treffen sich zu internationalen Umweltkonferenzen, Naturschutzgebiete werden eingerichtet. Und es gibt strengere Gesetze zur Entsorgung von Sondermüll.

das Abgas
abholzen
das Abwasser
die Armut
die Atmosphäre
der Atommüll
aussterben
austrocknen
die Bergungsarbeiten
bewässern
der Boden
die Bodenprobe
die Chemikalie
der Dammbruch
das Düngemittel
die Dürre
der Energieverbrauch
die Entsorgung
Erdbeben
die Erderwärmung
der Erdrutsch
evakuieren
die Explosion
der Flüchtling
gefährlich
der Gewässerschutz
das Gift
giftig
die Giftwolke
der Großbrand
der Helfer

die Massentierhaltung

die Helferin
die Hilfsorganisation
das Hochwasser
der Hunger
die Hygiene
die Katastrophe
die Kernkraft
die Klimakonferenz
der Klimaschutz
die Klimaveränderung
die Lawine
lebensgefährlich
das Löschfahrzeug
die Luftverschmutzung
die Massentierhaltung
der Massentourismus
der Müll
die Müllhalde
die Mülltrennung
die Müllverbrennung
das Nachbeben
der Nationalpark
die Natur
der Naturschutz
der Naturschützer
die Naturschützerin

die Explosion

das Naturschutzgebiet
die Not
der Notruf
die Notunterkunft
obdachlos
die Ölpest
der Ölteppich
die Opfer
das Ozonloch
die Ozonschicht
die Pestizide
recyceln
das Recycling
der Reichtum
der Rettungseinsatz
die Richterskala
roden
der saure Regen
schädlich
der Schadstoff
die Schlammlawine
die Seuche
der Sondermüll
die Sonnenenergie
die Spende
der Sturmschaden
der Suchtrupp
der Treibhauseffekt
die Überbevölkerung

die Überschwemmung
der Umweltbeauftragte
die Umweltbeauftragte
umweltfreundlich
die Umweltkonferenz
die Umweltorganisation
der Umweltschaden
der Umweltschützer
die Umweltschützerin
der Umweltskandal
das Unwetter
verbrennen
vergiften
verletzen
die Verschmutzung
verwüsten
der Vulkanausbruch
der Waldbrand
das Waldsterben
die Wasserprobe
die Wasserqualität
zerstören

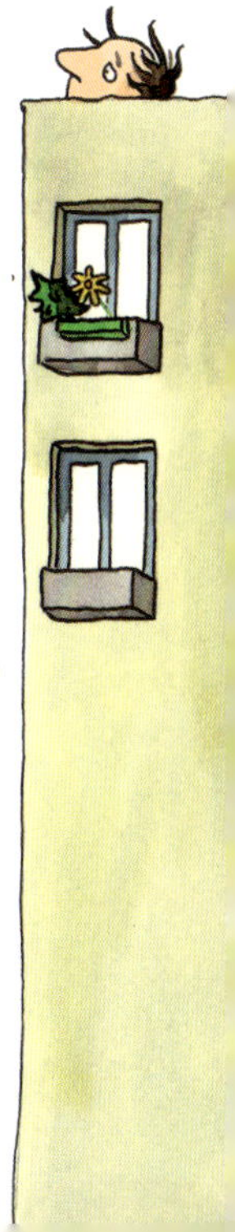

Erfindungen

Seit es Menschen gibt, versuchen sie durch intelligente Erfindungen ihr Leben zu verbessern und sich die Arbeit zu erleichtern.

Erfindungen können von einem Einzelnen durch Zufall ...

... oder von vielen in jahrelanger wissenschaftlicher Arbeit gemeinsam entdeckt werden.

Jährlich wird in Schweden der Nobelpreis an Forscher verliehen, die eine große Entdeckung für die Wissenschaft gemacht haben.

Vom Rad zum Auto

Die Namen der ersten Erfinder kennt niemand, obwohl ihre Erfindungen für uns alle unglaublich wichtig sind. Keiner weiß, wer zum Beispiel das Rad erfunden hat oder wer zum ersten Mal darauf kam, Ton zu brennen.

Manche Erfindungen scheinen zu einer bestimmten Zeit förmlich in der Luft zu liegen. So kommt es, dass nicht nur ein einzelner Erfinder die Idee hatte, das Telefon zu erfinden, sondern mehrere fast zur gleichen Zeit: Der Deutsche Philipp Reis versuchte schon 1861, Töne über weite Entfernungen zu übertragen. Doch Alexander Bell, ein Amerikaner, war der Erste, der mit seinem Telefon auch Geld verdiente. Er meldete 1876 ein Patent für seine Erfindung an.

Wer ein Patent anmeldet, lässt sich als Erfinder eintragen. Jeder, der diese Erfindung in Zukunft benutzen oder verkaufen will, muss an den Erfinder eine Gebühr zahlen.

Erfindungen

automatisch

ausprobieren
das Auto
der Automat
automatisch
die Batterie
bequem
die Brille
der Buchdruck
der CD-Player
die Chemie
der Computer
die Dampfmaschine
die Eisenbahn
der Elektroherd
der Elektromotor
entdecken
die Entdeckung
entwickeln
erfinden
der Erfinder
die Erfinderin
erfinderisch
die Erfindung
das Experiment
experimentieren
das Fahrrad

der Fahrstuhl
der Fallschirm
das Fernglas
der Fernsehapparat
der Filzstift
das Flugzeug
das Forschungslabor
der Fortschritt
fortschrittlich
der Fotoapparat
der Fotokopierer
der Füller
der Gummireifen
die Industrie
die Kaffeemaschine
die Kamera
das Kino

konstruieren

konstruieren
der Kran
der Kühlschrank
die Kurbel
das Labor
der Laser
die Linse
die Maschine

das Forschungslabor

das Teleskop

maschinell
die Mathematik
der Mikrochip
das Mikroskop
modernisieren

modernisieren

der Motor
die Mühle
das Naturgesetz
neu
neugierig
der Nobelpreis
das Papier
das Patent
das Patentamt
patentieren
die Physik
das Porzellan
praktisch
die Pumpe
das Rad
das Radar
das Radio
die Rakete
rationalisieren
der Reißverschluss
der Roboter

die Röntgenstrahlen
das Rührgerät
der Satellit
das Schießpulver
das Schiff
schnell
die Seilwinde
der Spiegel
die Spülmaschine
der Staubsauger
der (elektrische) Strom
die Taucherglocke
die Technik
technisch
das Telefon
das Teleskop
das Thermometer
tüfteln
der Tüftler
die Tüftlerin
die Turbine
die Uhr
die Waschmaschine
die Wasserleitung
das Wasserrad
die Windmühle
der Wissenschaftler
die Wissenschaftlerin
das Zahnrad
die Zeitersparnis
die Zentralheizung

Auf der Straße

Immer mehr Menschen fahren mit dem Auto.
Deshalb sind die Straßen in den Städten
zu manchen Tageszeiten völlig verstopft.
Mit dem Bus, der Bahn oder dem Fahrrad kommt
man oft schneller voran.

Verkehrssünder werden
mit einem Bußgeld bestraft.

Der Straßenverkehr wird durch
Verkehrschilder, Markierungen
und Ampeln geregelt.

Wo führt diese Straße hin?

Straßen benutzen wir jeden Tag: auf dem Weg zur Schule oder zur Arbeit, wenn wir verreisen oder wenn wir etwas transportieren. Es ist für uns selbstverständlich, dass zu fast jedem Haus eine asphaltierte Straße führt. In anderen Gegenden der Welt sind viele Orte nur auf schmalen Trampelpfaden zu erreichen. Früher gab es auch bei uns nur wenige und schlechte Straßen, auf denen die Räder der Kutschen oft brachen. Heute überlegen Straßenplaner, wo Straßen fehlen, wo ein neuer Autobahnabschnitt gebaut werden muss oder wo eine Umgehungsstraße den Verkehr um die Innenstädte herumleiten könnte. Und wenn ein Haus dort steht, wo eine neue Straße gebaut werden soll? Dann müssen die Bewohner meistens umziehen. Kirchen oder andere Gebäude, die unter Denkmalschutz stehen, werden manchmal allerdings auch mit großem Aufwand um einige Meter versetzt.

die Ampel
anfahren
anhalten
anschnallen
der Asphalt
aufmerksam
die Ausfahrt
das Auto
die Autobahn
der Autofahrer
die Autofahrerin
die Baustelle
das Benzin
beschleunigen
blinken
der Bordstein
bremsen
der Bus
der Diesel
die Einbahnstraße
die Einfahrt
einparken
die Fahrbahn
die Fahrbahnmitte
fahren
das Fahrrad
der Fahrradweg
die Fahrspur
die Fahrtrichtung
das Fahrzeug
der Fußgänger
die Fußgängerin
die Fußgängerzone
der Gegenverkehr
gehen
der Gehweg
gelb
geradeaus
die Geschwindigkeit
grün
die Haltestelle

die Helmpflicht
hupen
der Kindersitz
die Kreuzung
die Kurve
die Kutsche
die Landstraße
langsam
lenken
links
der Linksabbieger
der Lkw
der Mittelstreifen
das Mofa
der Motor
das Motorrad

rücksichtslos

der Motorroller
die Notrufsäule
die Panne
parken
das Parkhaus
der Parkplatz
der Pkw
der Radfahrer
die Radfahrerin
rasen
rechts
der Rechtsabbieger
die Reflektoren
rot
rücksichtslos
rücksichtsvoll
schnell
die Schnellstraße
sicher
der Sicherheitsabstand
der Sicherheitsgurt
der Skater
die Spielstraße
der Stau
stoppen
das Stoppschild
die Straße
tanken

die Tankstelle
das Taxi
der Trampelpfad
der Transport
der Tunnel
überholen
überqueren
die Umgehungsstraße
die Umleitung
sich umsehen
der Unfall
der Verkehr
das Verkehrschaos
der Verkehrsfunk
die Verkehrsinsel
die Verkehrspolizei

das Verkehrschaos

die Verkehrsregel
verkehrssicher
das Verkehrszeichen
die Vorfahrt
vorsichtig
der Zebrastreifen
zusammenstoßen

die Reflektoren

Auf der Schiene

Es werden immer schnellere Züge gebaut. Heute kann ein Hochgeschwindigkeitszug mehr als 500 km in der Stunde fahren.

Die ersten Züge fuhren kaum schneller als ein Auto im Stadtverkehr. Das hielten die Menschen damals für gesundheitsschädlich.

Schon mal drüber nachgedacht ...

... wie eine Dampflokomotive funktioniert?

Ruß

Wasserdampf   Heizer   Räder   Kohle   Wasserkessel

Rauchwolke   Gestänge   Wasser   Schornstein

Seit 100 Jahren gibt es in Wuppertal eine Schwebebahn. In einer Schiene hängend fährt sie durch die ganze Stadt.

Zahnradbahnen sind meist Bergbahnen. Die Zahnräder der Lokomotive greifen mit Zähnen in eine Schiene ein und können so auch große Steigungen bezwingen.

Die Magnetschwebebahn wird durch Magnete in ihrer Spur gehalten. Sie hat keine Räder.

Bitte umsteigen!

Straßen können von allen möglichen Fahrzeugen benutzt werden. Schienen dagegen bilden ein Verkehrsnetz nur für Schienenfahrzeuge, z. B. Züge. Manche Züge sind sehr berühmt geworden, etwa der Orientexpress, ein Luxuszug, der fast 100 Jahre lang zwischen Paris und Istanbul verkehrte.
Auch in den Städten fahren heute überall Schienenfahrzeuge, vor allem U-Bahnen und Straßenbahnen. Eine besonders ausgefallene Straßenbahn gibt es in San Francisco: Die sogenannten Cable-Cars werden an langen Kabeln über die Schienen gezogen und bewältigen die steilen Straßen fast mühelos.
Bahnfahren ist eine entspannende und sichere Art zu reisen. Auf manchen Strecken kann man sogar Schlafwagen buchen oder sein Fahrzeug im Autoreisezug mitnehmen. Es gibt keine Staus, und Unfälle sind eher selten. Außerdem können so auch die Eltern während der Fahrt spielen, lesen oder schlafen!

die Abfahrt
die Abfahrtszeit
abkoppeln
das Abteil
ankoppeln
die Ankunft
die Ankunftszeit
der Anschlusszug
die Auskunft
aussteigen
der Autoreisezug
die Bahncard
der Bahnhof
die Bahnhofsmission
die Bahnhofsuhr
die Bahnschranke
der Bahnsteig
der Bahnübergang

die Durchsage

das Bistro
die Dampflok
die Diesellok
die Durchsage
die Einfahrt
einsteigen
die Eisenbahn
die Eisenbahnbrücke

entwerten

die Elektrolok
entladen
entwerten
der Eurocityzug
der Fahrgast
die Fahrkarte
die Fahrkartenkontrolle
der Fahrkartenschalter
der Fahrplan
die Fahrplanauskunft
der Fahrpreis
die Fahrstrecke
der Fernverkehr
das Gepäck
die Gepäckablage
der Gepäckwagen
das Gleis
der Großraumwagen
der Güterbahnhof
der Güterzug
die Haltestelle
der Hochgeschwindig-keitszug
der ICE
der Informationsschalter
die Informationstafel
der Interregiozug

die Verspätung

die Kelle
der Kiosk
der Kühlwagen
die Ladung
der Lautsprecher
der Liegewagen
die Lokomotive
die Modelleisenbahn
der Nahverkehr
die Notbremsung
die Oberleitung
der Pendler
die Pendlerin
der Personenzug
die Pfeife
pfeifen
der Pfiff
die Platzreservierung
pünktlich
der Rangierbahnhof
rangieren
die Rangierlok
rattern
das Reisezentrum
die S-Bahn
die Schiene
das Schienenfahrzeug
der Schlafwagen
das Schließfach
die Schwebebahn
das Signal

der Sitzplatz
die Spurweite
der Stehplatz
das Stellwerk
die Straßenbahn
der Stromabnehmer
der Treffpunkt

der Triebwagen
der Tunnel
die U-Bahn
umsteigen
unpünktlich
verladen
verpassen
verreisen
die Verspätung
der Waggon
die Wartung
die Weiche
die Zahnradbahn
der Zug
der Zugbegleiter
die Zugbegleiterin
der Zugführer
die Zugführerin
das Zugunglück

Luft- und Raumfahrt

Der Hubschrauber ist ein Alleskönner. Er kann nicht nur senkrecht nach oben und unten fliegen, sondern auch rückwärts und seitwärts.

In den großen Jumbos ist Platz für mehr als 500 Passagiere.

Segelflugzeuge fliegen ohne Motor.

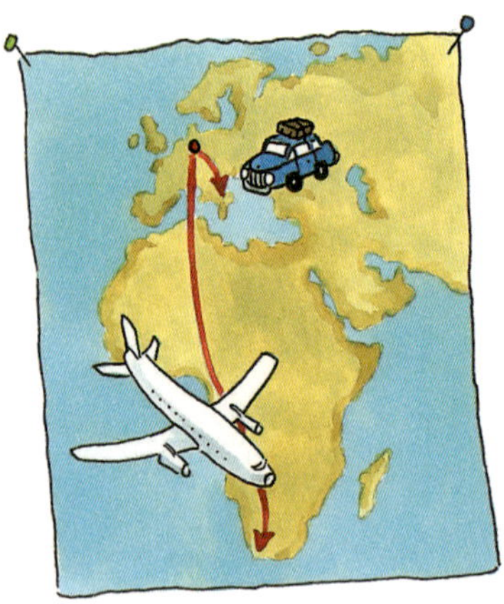

Von Frankfurt bis an den südlichsten Zipfel von Afrika braucht ein Düsenflugzeug 10 Stunden. Mit dem Auto kommt man in dieser Zeit höchstens bis Mittelitalien.

Menschen, die einen Beruf haben, bei dem sie schnell von einem Ort zum anderen kommen müssen, benutzen Flugzeuge wie andere einen Bus.

Der Traum vom Fliegen

Genau 40 Jahre nachdem der erste Mensch in einer Raumkapsel die Erde umrundete, reiste der erste Weltraumtourist zur Raumstation ISS. Bis wir alle Urlaub auf dem Mars machen können, wird es allerdings noch eine Weile dauern. Zum einen sind solche Flüge ganz schön teuer. Und zum anderen würde ein bemannter Flug zum Mars und zurück derzeit noch zwei bis drei Jahre dauern.
Außerdem ist eine solche Reise ziemlich unbequem: Wegen der Schwerelosigkeit schnallen sich die Astronauten zum Schlafen im Raumschiff fest. Und man muss aufpassen, dass einem das Essen nicht davonschwebt!
Mit Robotern bestückte Raketen können übrigens wesentlich schneller reisen. Deshalb hat die NASA bei ihrem Programm zur Erforschung des Mars auch erst einmal nur unbemannte Flüge zum Roten Planeten vorgesehen.

andocken

die Abflughalle
abheben
abstürzen
andocken
die Ankunftshalle
anschnallen
der Außerirdische
der Autopilot
der Bordcomputer
die Bordkarte
der Charterflug
das Cockpit
der Doppeldecker
das Düsenflugzeug
der Düsenjäger
einchecken
das Fahrwerk
der Fallschirm
fliegen

die Flugangst

die Flugangst
der Flugbegleiter
die Flugbegleiterin
der Flughafen
der Fluglotse
die Fluglotsin
der Flugschreiber
der Flugsteig (Gate)
das Flugticket
das Flugzeug
der Flugzeugabsturz
das Frachtflugzeug
funken
das Gepäck
der Gleitflug
der Heißluftballon
der Höhenmesser
der Hubschrauber
der Jumbojet
das Kerosin
der Kondensstreifen
die Kontrollinstrumente
der Kontrollturm (Tower)
der Kopilot
die Kopilotin
die Landebahn
landen
die Landung
das Last-Minute-Angebot
der Linienflug
das Luftloch
das Luftschiff
der Mechaniker
die Mechanikerin
das Motorflugzeug
die Notlandung
der Passagier
das Passagierflugzeug

die Passkontrolle
der Pilot
die Pilotin
der Propeller
der Radarschirm
die Rakete

die Pass-
kontrolle

das Raketenflugzeug
der Raumanzug
die Raumfähre
die Raumfahrt
die Raumkapsel
das Raumschiff
die Raumstation
das Rollfeld
der Rückstoß
der Satellit
die Sauerstoffmaske
der Schleudersitz
schweben
schwerelos
die Schwimmweste
das Segelflugzeug
der Sicherheitsgurt
sinken
der Spaceshuttle
der Start
die Startbahn

das Überschallflugzeug

starten
steigen
der Steuerknüppel
der Sturzflug
das Terminal
der Tiefflug
die Tragfläche
das Transportflugzeug
der Treibstoff
das Triebwerk
trudeln
die Turbine
das Überschallflugzeug
das Ultraleichtflugzeug
die Umlaufbahn
die Wartung
das Wasserflugzeug
das Weltall
der Weltraumfahrer
die Weltraumfahrerin
das Wetter
der Zoll
die Zwischen-
landung

der
Schleudersitz

Schiffe und Seefahrt

Es gibt verschiedene Gründe, sich aufs Wasser zu begeben:

Schon mal drüber nachgedacht ...

... was diese Begriffe bedeuten?

abtakeln, halsen, steuerbord, Lee, Luv, backbord, Krähennest, Smutje, achtern, Kajüte, beidrehen, reffen

Zieht man an einem Seemannsknoten, wird er ganz fest. Lässt man los, so ist er ganz leicht aufzumachen.

der Palstek — der Webleinstek — der Achtknoten — der Schotstek

Auf hoher See

Für Landratten, die schnell seekrank werden, sind Schiffsreisen nicht geeignet. Das gilt für Fahrten mit einer kleinen Jacht genauso wie für eine Reise mit einem behäbigen Ozeanriesen. Früher konnte es durchaus passieren, dass man sich unfreiwillig auf eine Seereise begeben musste. Die Steuermänner waren nämlich beim Anheuern neuer Matrosen oft nicht gerade zimperlich. Sie versetzten den Männern einen Schlag auf den Kopf, und wenn diese dann wieder zu sich kamen, befand sich das Schiff schon auf hoher See.
Um 1850 begann die Zeit der großen Dampfer. Zu den bekanntesten zählt die Titanic, die 1912 im Atlantik sank. Auch heute geraten große Schiffe noch manchmal in Seenot. Dann kommen ihnen speziell ausgerüstete Seenotkreuzer, Huckepackschiffe und Hubschrauber zu Hilfe, um Mannschaft, Schiff und Ladung zu bergen.

ablegen
der Anker
anlegen
der blinde Passagier
die Boje

das Boot
der Bug
das Bullauge
der Dampfer
das Deck
die Dschunke
der Einbaum
die Fähre
die Fahrrinne
der Fischkutter
die Flagge
die Flaute
das Floß
die Flotte
der Fluss
das Frachtschiff
die Gezeiten
der Hafen
die Havarie
das Heck
die Jacht

die Jungfernfahrt
der Kahn
der Kai
der Kajak
die Kajüte
das Kanu
der Kapitän
kentern
der Kiel
der Knoten
die Kombüse
die Kommandobrücke

die Kreuzfahrt
das Kriegsschiff
die Küste
die Küstenwacht
die Ladung
das Leck
der Leuchtturm
das Logbuch
der Lotse
die Lotsin
das Luftkissenboot
die Mannschaft
der Mast

der Matrose
die Mole
morsen
das Motorboot
die Navigations-
instrumente
das Nebelhorn
der Ozeanriese
paddeln
das Passagierschiff
der Pirat
die Piratin
der Raddampfer
die Reederei
die Regatta
die Reling
retten
das Rettungsboot
der Rettungsring
das Ruder
das Ruderboot
rudern
der Rumpf
das Schiff
der Schiffbrüchige
die Schiffbrüchige
die Schifffahrt
die Schiffsschraube
das Schlauchboot
schleppen
die Schleuse

die Schwimmweste
die See
seekrank
der Seemann
der Seemannsknoten
die Seemeile
die Seenot
das Segel
segeln
das Segelschiff
sinken
SOS
der Stapellauf
der Steuermann
steuern
stranden
der Sturm
der Tanker
das Tauwerk
treiben
das U-Boot
untergehen
die Welle
die Weltumsegelung
die Werft
der Wind
das Wrack

Die Überschrift und das Bild zu einem Text

Zu einem Sachtext gibt es meistens eine Überschrift und sehr häufig auch ein Bild. Sie können dir schon etwas über den Inhalt des Textes sagen und dir auch helfen, diesen besser zu verstehen. Manchmal enthalten sie auch neue Informationen, die den Text ergänzen. Es lohnt sich also, wenn du dir beide genau anschaust.

Vom reitenden Boten zur SMS

Wenn man früher miteinander in Verbindung treten wollte, war das eine aufwändige und meistens auch sehr langwierige Angelegenheit. Briefe wurden mit Postkutschen, Segelschiffen oder von reitenden Boten transportiert und waren oft monatelang unterwegs. Heute ist die Post in der Regel schon am nächsten Tag beim Empfänger im Briefkasten. Und wenn man zum Telefon greift, eine SMS schickt, faxt oder mailt, dauert es nur wenige Minuten, bis die Botschaft ankommt.
Die Welt um uns herum ist voller Zeichen, die wir nur lesen und verstehen können, wenn wir gelernt haben sie zu entschlüsseln. Das weiß jeder, der sich gemeinsam mit Freunden schon einmal eine eigene Geheimsprache ausgedacht hat.

1 Bei der Betrachtung des Bildes erhältst du schon Hinweise, von wem die Post früher transportiert wurde.
In den folgenden Purzelwörtern ist die Lösung als Kontrolle versteckt.
OPSTUKSCHTE, ETOB, TUAEBBIERF

Rätsel

Überall in Deutschland versteht man dieses Zeichen.
Weißt du auch, was es bedeutet?

2 Um auch kleinste Details bei einem Bild zu erkennen, kann man „Ich sehe was, was du nicht siehst“ spielen. Ein Mitspieler beschreibt einen Ausschnitt aus dem Bild. Die anderen müssen raten, also zum Beispiel: „Ich sehe was, was du nicht siehst, und das ist grau, rund, ist auf dem Bild zweimal zu sehen, einmal ist es kaputt …“. Nun hast du die Lösung sicherlich gefunden!

3 Welche Überschrift passt zu welchem Bild? Verbinde.

Ⓐ 

Briefboten leben gefährlich ①

Ⓑ 

Nachrichten durch die Luft ②

Ⓒ 

Der Nachbar hört mit ③

1: Postkutsche, Bote, Brieftaube
Rätsel: Deutsche Post. 2: das Rad. 3: A2, B3, C1

Sich einen Text erschließen

1 Um einen Sachtext zu verstehen, gehst du am besten in einzelnen Schritten vor. Aber nicht immer musst du alle Schritte durchführen.

Ich **überfliege** den Text. Das heißt, ich lese ihn nicht Wort für Wort, sondern verschaffe mir zunächst einen **Überblick** darüber, worum es in dem Text geht.
Bei längeren Texten kann es helfen, ihn in **Abschnitte** zu unterteilen und passende **Überschriften** für jeden Abschnitt zu finden.

Im nächsten Schritt **markiere** ich am Rand Stellen, über die ich noch einmal **nachdenken** will.

Tipp: Auf einer durchsichtigen Folie kann ich mir Notizen machen, ohne das Buch zu beschädigen.

? Dinge, die ich nicht verstehe, markiere ich mit einem Fragezeichen. Fremde Wörter **schlage** ich in einem Kinderlexikon **nach.**
Was heißt zum Beispiel Gebärdensprache?

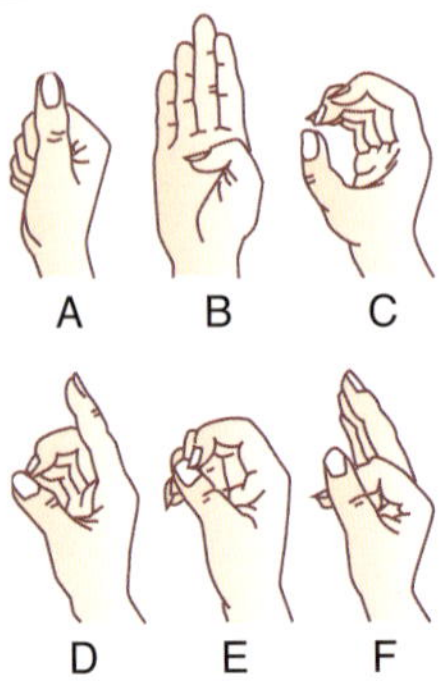

Auch gehörlose Menschen können sich durch Sprache verständigen. Die **Gebärdensprache** ist ein Zeichensystem, das sich der Körperhaltung, der Mimik und der Gebärden (Handzeichen) bedient. Hierzu gehört auch das Fingeralphabet, in dem es für jeden Buchstaben eine bestimmte Fingerstellung gibt.

Aus dem Kinder-Brockhaus

! Das interessiert mich. Wie sieht die Blindenschrift aus? Auch im **Internet** kann ich mich mithilfe bestimmter Kindersuchmaschinen **informieren** (mehr dazu auf Seite 196).

Ich **unterstreiche** die Wörter im Text, die mir wichtige Informationen liefern. Man nennt sie **Schlüsselwörter.**

Rätsel

Hier findest du die ersten Schlüsselwörter aus dem Beispieltext. Du musst nur die folgenden Wörter entziffern.

VERBINDUNGLANGWIERIGPOSTKUTSC
HESEGELSCHIFFREITENDERBOTESMS

2 Du kannst dir einen Text auch erschließen, indem du dir Fragen dazu ausdenkst.
Hilfreich dabei sind die bekannten W-Fragen:

Wieso? Weshalb? Warum? Wer?
Wann? Wo? Was? Wozu? Wie?

Warum war es eine aufwändige Angelegenheit, wenn man früher miteinander in Verbindung treten wollte?

Wie verständigt man sich heute?
Warum ...?

Rätsel: Verbindung, langwierig, Postkutsche, Segelschiff, reitender Bote, SMS

3 Du kannst dir aber auch Rätselfragen ausdenken und sie jemand anders stellen.
Hier sind solche Fragen mit jeweils drei Antwortmöglichkeiten. Die passende Antwort findest du im Text „Vom reitenden Boten zur SMS“. Kreise die richtigen Buchstaben ein. Sie ergeben ein Lösungswort.

- Man transportierte früher Briefe mit
  Automobilen (a) Segelschiffen (c) Flugzeugen (f)

- Wie lange war die Post unterwegs?
  Monate (h) Tage (i) Stunden (t)

- Am schnellsten geht es heute mit
  dem Flugzeug (c) dem Zug (b) E-Mail (a)

- Wenn man heute eine SMS verschickt, dauert es
  24 Stunden (s) wenige Minuten (t) zwei Tage (f)

- Es gibt viele Zeichensysteme um uns herum, zum Beispiel
  Telefonnummern (u) Fußspuren (s) die Blindenschrift (t)

- Die Gebärdensprache ist ein Zeichensystem für
  Gehörlose (e) Blinde (f) Außerirdische (g)

- Welches Zeichensystem denken sich Kinder oft mit ihren Freunden aus?
  Verkehrszeichen (m) Rauchzeichen (l) eine Geheimschrift (n)

Lösungswort: ___ ___ ___ ___ ___ ___ ___

3: chatten

Sich für ein Thema entscheiden

Es gibt viele verschiedene Anlässe, einen Sachtext selbst zu schreiben. Vielleicht möchtest du in der Klassen- oder Schulzeitung etwas veröffentlichen. Auch für Lernplakate, Präsentationen und kleine Ausstellungen im Unterricht oder zu Hause kannst du einen Sachtext verfassen. Im Folgenden bekommst du hilfreiche Tipps, wie du ein leeres Blatt füllen kannst.

Zunächst musst du dich für ein Thema entscheiden. Im Inhaltsverzeichnis dieses Buches findest du viele Anregungen.
Gibt es ein Thema, über das du schon etwas weißt oder über das du andere informieren möchtest?

Wie fange ich an? Informationen beschaffen

Sobald du dich für ein Thema entschieden hast (nehmen wir hier das Thema „Unser Planet“ aus diesem Buch), musst du dich zunächst selbst schlau machen.
Nur so kannst du andere mit deinem Sachtext informieren.

Du überlegst, was du schon alles weißt und was du noch wissen willst. So könnten deine Notizen aussehen:

Das weiß ich:

- Die Erde ist ein Planet, der sich um sich selbst und um die Sonne dreht.

Das will ich wissen:

- Wie groß ist der Umfang der Erde am Äquator?
- Wie heißen die kältesten Stellen der Erde?
- Wie oft passt die Erde in die Sonne?

Notiere deine eigenen Fragen:

Antworten zu den meisten dieser Fragen findest du auf der „bunten Seite“. Weitere Informationen bekommst du in der Bibliothek, in Lexika, Kinderzeitschriften und Sachbüchern. Auch im Internet gibt es spezielle Suchmaschinen für Kinder. Vielleicht kennst du auch eine Fachfrau oder einen Fachmann, die du befragen kannst.

Informationen ordnen

Wichtige Informationen muss man sich aufschreiben, sonst vergisst man sie. Es gibt verschiedene Arten, sich Notizen zu machen. Eine davon ist das sogenannte „Cluster“, eine andere die „Gedankenlandkarte“, auf Englisch „Mindmap“.

1 In einem **Cluster** schreibe ich Ideen ungeordnet um den Oberbegriff oder das Thema.

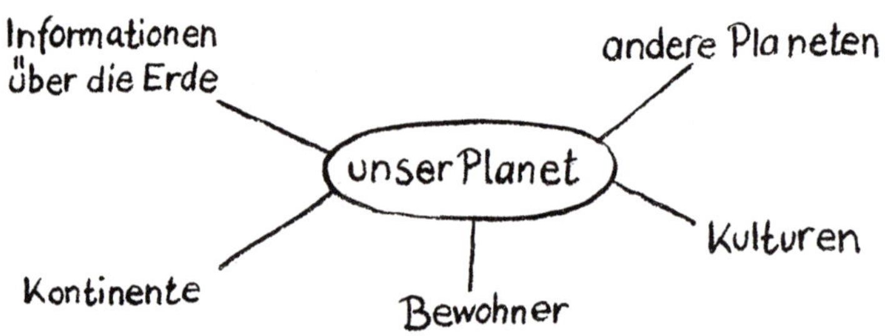

2 Für eine **Mindmap** schreibe ich das Thema in die Mitte. Daran hänge ich für jeden Bereich, den ich in meinem Text behandeln möchte, einen Ast an und schreibe den Oberbegriff darauf. Meine Ideen zu den einzelnen Oberbegriffen schreibe ich auf Nebenäste.

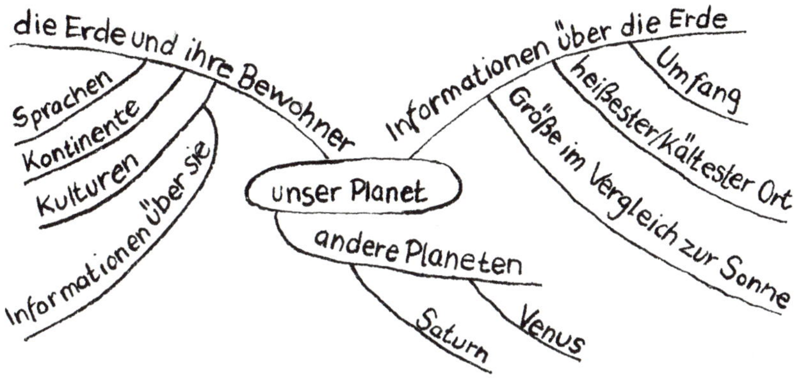

Rätsel

Zu welchem Thema in diesem Buch könnte diese Mindmap erstellt worden sein?

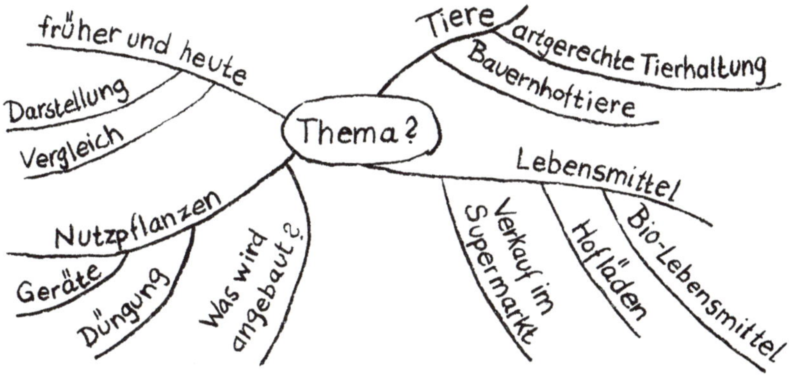

Rätsel: Bauernhof

Den Text planen

Mithilfe deiner Gedankenlandkarte kannst du nun deinen Text klar geordnet schreiben. Diesen solltest du nämlich in sinnvolle Abschnitte aufteilen. Deine Gliederung für einen Text zum Thema Planeten könnte zum Beispiel so aussehen:

- Welche Planeten gibt es außer der Erde und was wissen wir über sie?
- Informationen über unseren Planeten: Gewicht, Größe, Jahreszeiten.
- Die Erde und ihre Bewohner (Kontinente, Fremdsprachen, Kulturen und Lebensweisen)

Mit Zeichnungen und Bildern kannst du den Text ergänzen. Ein Sachtext wird immer in der Gegenwart geschrieben.

Passende Wörter sammeln

In einem Sachtext musst du dich sehr genau ausdrücken. Dazu brauchst du viele passende Wörter, also einen großen Wortschatz zu deinem Thema.
In diesem Buch sind die Wörter bereits nach Themen zusammengestellt und sortiert. Hier kannst du dir viele Ideen holen. Schau dir zum Beispiel die Wörterliste „Unser Planet“ einmal genau an.

Rätsel

Wie heißen die beiden längsten Wörter der Wörterliste? Sie haben 16 Buchstaben.

In dieser Wörterliste findest du zum Beispiel auch alle Planeten, die außer der Erde bisher gefunden wurden.

Rätsel

Wie heißt der Planet, der am weitesten von der Sonne entfernt ist?
Der gesuchte Planet steht in der Wörterliste als zehntes Wort in der dritten Spalte.

Natürlich gibt es viel mehr Wörter zu einem Thema als in diesem Buch Platz ist. Oder du hättest eine ganz andere Auswahl getroffen. Eine gute Möglichkeit, eine Liste mit deinen Lieblingswörtern zu erstellen, ist es, ein Abc zu einem Thema zu entwerfen.

Überlege dir doch zum Beispiel mal ein Weltall-Abc:

Anziehungskraft

Bodenstation

Countdown

drehen

Erdachse

Flugobjekt

...

Rätsel 1: Schwerelosigkeit, Sonnenfinsternis
Rätsel 2: Neptun

Einen Vortrag halten

Nachdem du einen Sachtext gelesen oder sogar selbst geschrieben hast, kennst du dich mit einem Thema besonders gut aus. Durch einen Vortrag können nun andere etwas von dir lernen, zum Beispiel Freunde, deine Eltern, deine Lehrer und deine Klasse.

1 Zunächst musst du den Vortrag gut vorbereiten.
Du gehst in dieser Reihenfolge vor:

- Ich wähle ein Thema aus.
- Ich sammle Informationen dazu.
- Ich schreibe den Vortrag.

- Ich übertrage die wichtigsten Stichwörter auf Karteikarten. Dabei denke ich an die Schlüsselwörter aus meinem Sachtext.
- Ich suche Bilder, Gegenstände, Fotos oder kleine Filme, die zum Thema passen.

Mit diesem Bild zum Thema Haustiere würdest du sicher das Interesse der Zuschauer wecken. Warum?

- Ich übe den Vortrag. Die Einleitung sollte ich auswendig sprechen.

2 Wenn es dann so weit ist, solltest du an folgende Dinge denken:

- Ich stelle das Thema vor.
- Ich sehe meine Zuschauer beim Sprechen an.
- Ich spreche langsam, deutlich und laut.
- Ich beziehe Bilder, Gegenstände und Informationen an der Tafel oder auf Folien mit ein.
- Ich bedanke mich fürs Zuhören und gebe den anderen Zeit, Fragen zu stellen.

3 Mit kleinen Rätseln kannst du deine Zuhörer einbeziehen. Zum Thema Heimtiere könnten die Rätsel folgendermaßen aussehen. Kannst du sie lösen?

Rätsel

- Nenne acht Haustiere, die zu Hause nicht erwünscht sind.

  ____

  ____

  (Die Lösung findest du auf Seite 16, der „bunten Seite“.)

- Finde in der Wörterliste noch weitere unerwünschte Haustiere, z. B. bei R.

  R ___ ___ ___ ___

- Kennst du das ruhigste Haustier?

  ___ ___ ___ ___ ___

  (In der Sachgeschichte auf S. 17 findest du die Antwort.)

- Kennst du ein Haustier, das am Tag schläft und in der Nacht sehr aktiv ist?

  ___ ___ ___ ___ ___ ___ ___

  (Suche in der Sachgeschichte oder in der Wörterliste unter „H“.)

Rätsel 1: Spinne, Fliege, Kleidermotte, Mücke, Kakerlake, Silberfischchen, Ameise, Floh, Maus, Lebensmittelmotte. 2: Ratte. 3: Fisch. 4: Hamster

Ein Plakat erstellen

Du kannst deine Texte auf einem Plakat präsentieren und für andere ausstellen. Auch hier ergänzen Bilder, Fotos oder selbst angefertigte Zeichnungen deinen Text. Sie lockern das Plakat auf, liefern zusätzliche Informationen und unterstützen das Lernen deiner Zuhörer. Wenn du nicht so gerne vor anderen sprichst, dafür aber gerne und gut gestaltest, ist das Plakat eine prima Präsentationsmöglichkeit.

<u>So gehst du vor:</u>

- Ich erstelle eine Skizze, wie mein Plakat aussehen soll. Dafür teile ich das Plakat ein: Wie groß wird die Überschrift, wo kommen Texte, wo Bilder hin? Außen lasse ich einen Rand.
- Ich unterteile meinen Text in verschiedene Abschnitte und schreibe die Textteile auf Zettel. Das mache ich mit dem Computer oder in Schönschrift mit der Hand. Die Zettel klebe ich an verschiedenen Stellen auf dem Plakat auf.
- Ich ordne Bilder oder Fotos zu.
- Ich gestalte die Überschrift.

<u>Daran solltest du denken:</u>

- Texte, die ich ausstelle und präsentiere, sollten fehlerfrei sein.
- Ist das Plakat gut und übersichtlich eingeteilt? Ränder und Abstände spielen dabei eine große Rolle.
- Ist die Schrift auch aus einer weiten Entfernung lesbar?
- Ich überprüfe die Farben. Es gilt: Man sieht gut hell auf dunkel und dunkel auf hell.

Zu welchem Thema könnte dieses Plakat erstellt worden sein?
Suche in deiner Wörterliste die passende Überschrift.

____

Eine Ausstellung gestalten

Um deinen Sachtext zu schreiben, hast du viel gesammelt, ausgeschnitten und ausgedruckt. Um das wertvolle Material auch zu nutzen, kannst du mit deinen Schätzen eine Ausstellung gestalten. Benutze Tische, Wände oder spanne ein Seil durch den Raum, an dem du mit Wäscheklammern deine Bilder und Texte befestigst. In der Schule kannst du auch die Tafel nutzen.

Darauf solltest du achten:

- Ich beschrifte alle Ausstellungsstücke und achte darauf, dass keine Fehler enthalten sind.
- Ich schreibe groß und gut lesbar und achte auf die Farben.
- Ich schreibe die Beschriftungen meiner Ausstellungsstücke auf festen Karton und falte sie wie Tischkarten. Damit sie nicht verrutschen, klebe ich sie hinten mit Klebeband fest.

Ordne diese Karten den Ausstellungsstücken zu!

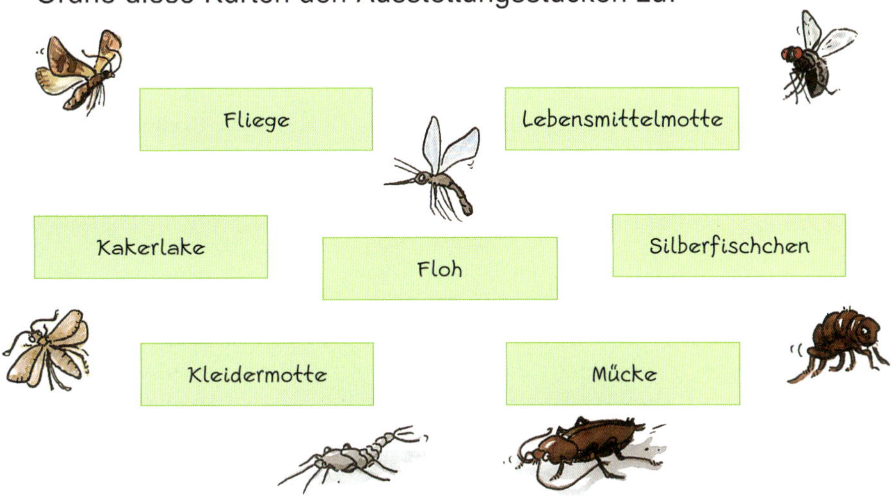

Bei einer Ausstellung sollen die Besucher (wie natürlich auch bei einer Präsentation) manche Ausstellungsstücke anfassen, sehen, riechen oder sogar hören können, je nachdem, was du ausstellst. Du kannst zum Beispiel Tierstimmen auf Kassette aufnehmen und vorspielen.

Rätsel

In deiner Wörterliste zum Thema Heimtiere erhältst du auch Tipps, was du alles ausstellen könntest.
Was findest du dort außer dem Fressnapf?

- Gibt es etwas, an dem man riechen könnte?
- Mit dem Schmecken sollte man allerdings vorsichtig sein!!!
- Was aus der Wörterliste sollte man besser nicht probieren?

Ob du die Karten richtig zugeordnet hast, kannst du mithilfe von Seite 16 überprüfen.
Rätsel: z. B. Halsband, Hundekuchen, Maulkorb, Schlafhäuschen, Streu;
riechen: Futter, Hundekuchen, Streu;
nicht probieren: Futter, Hundekuchen

abgucken

der Astronaut

der Auerhahn

die Baumschule

sich bewerben

böig

chatten

die Eintags-
fliege
5
MAI

erklären

faulenzen

der Fischschwarm

bei der Freundin übernachten

gefroren

gluckern

der
Hirschkäfer

Junge werfen

kinderreich

K

K

kündigen

die Litfaß-säule

lüften

das Mädchen 47
die Magd 70
der Magen 39
der Mähdrescher 87
mähen 87
die Mailbox ★ 59, 63
mailen ★ 59, 63
der Mais 87
malen 22, 31
der Maler 27
die Malerin
das Mammut 67
der Manager ★
die Managerin ★ 27
die Mandarine 42
der Mann 47
das Männchen 19
männlich 47
die Mannschaft 34, 150
das Mäppchen 22
der Marabu 110
der Marder 91
die Margerite 80
die Marke 50
markieren 63
der Markt 50
die Marmelade 42
der Mars 78
die Maschine 134
maschinell 134

die Masern (Mz.) 39
die Massentierhaltung 130
der Massentourismus ★ 130
der Mast 150
mästen 87
die Mathematik 134
der Matrose 151
der Maulkorb 19
der Maulwurf 82
der Maurer 27
die Maus 16, 63, 82, 87
mausern 19
das Mauspad ★ 63
die Mayas (Mz.) 67
der Mechaniker 146
die Mechanikerin 27, 146
die Medaille 34
das Medikament 39
das Meer 79, 98, 118
der Meeresgrund 98
das Meeresleuchten 98
das Meeresungeheuer 98
das Meerschweinchen 19
das Mehrfamilienhaus 14
die Meise 83

die Massentierhaltung

der Meister 27
die Meisterin
die Meisterschaft 34
sich melden 22
melken 87
die Melkmaschine 87
die Melone 43
Memory spielen 31
der Mensch 79
die Menstruation 47
die Menüleiste 63
der Merkur 79
messen 34
das Messer 43
der Meteorit 79
der Meteorologe 126
die Meteorologin 126
der Meter 51
der Metzger 27
die Metzgerei 51
die Metzgerin
die Meute 110
die Miete 14
mieten 14
der Mietvertrag 14
die Mietwohnung 14
der Mikrochip ★ 135
das Mikrofon ★ 63
das Mikroskop 135
die Milch 43, 87
die Milchkuh 87
die Milchstraße 79
mild 126
der Millionär 55
die Millionärin
das Mineralwasser 43, 118

M N

die Notbremsung

die Passkontrolle

die Pizzeria 75
der Pkw 139
das Plakat 75
der Planet 79
das Plankton 95, 99, 107
plätschern 95, 118
der Platz 75
die Platzreservierung 143
plaudern 31
die Playstation ★ 63
pleite 55
plündern 67, 71
die Plünderung 71
der Pluto 79
der Po 39
der Pokal 34
der Pol 107
der Polarforscher 107
die Polarforscherin 107
der Polarkreis 107
das Polarlicht 107
das Polarmeer 107
die Polarnacht 107
der Politiker 27
die Politikerin
die Polizei 75
die Polizeiwache 75
der Polizist 27
die Polizistin
die Pommes frites (Mz.) 43
das Porto 59
das Porzellan 135
die Post 59, 75
das Postamt 59
das Postfach 59
die Postkarte 59
die Postkutsche 59
die Postleitzahl 59
der Postschalter 59
der Poststempel 59
praktisch 15, 135
die Praxis 27
der Preis 51
der Preisnachlass 51
das Preisschild 51
der Preisvergleich 51
preiswert 51
der Priel 99
produzieren 27
der Profi 34
das Programm 63
programmieren 63
das Projekt 23
der Propeller 147
der Provider ★ 59, 63
das Prozent 55
die Pubertät 47
der Pudding ★ 43
das Pult 23
der Pulverschnee 103
die Pumpe 118, 135
pumpen 118
pünktlich 23, 143
die Punktwertung 34
die Puppe 31
pupsen 123
pusten 123
die Pute 87
sich putzen 19
das Puzzle ★ 31
die Pyramide 67

quaken 95
die Qualle 99
der Qualm 115
qualmen 115
der Quark 43
die Quelle 118, 95
das Quellwasser 118
die Quittung 51

der Rabatt 51
das Rad 67, 135
das Radar 135
der Radarschirm 147
der Raddampfer 151
der Radfahrer 75, 139
die Radfahrerin 75, 139
das Radieschen 83
das Radio 135
der Radrennsport 34
die Radtour 31
der Radweg 75

das Rauchzeichen

die S-Bahn

S

schwatzen

S

schwimmen 31, 35, 95, 99, 119
die Schwimmhalle 35
der Schwimmreifen 123
die Schwimmweste 99, 147, 151
schwindelfrei 103
schwindelig 103
schwindeln 23
schwirren 95
schwitzen 35, 39, 103, 127
schwül 127
der See 79, 95, 119, 151
der Seehund 99
der Seeigel 99
seekrank 151
der Seemann 99, 151
der Seemannsknoten 151
die Seemeile 151
die Seenot 99, 151
das Seepferdchen 99
die Seerose 95
die Seeschwalbe 99
der Seestern 99
der Seewind 123
das Segel 151
das Segelboot 99
das Segelflugzeug 147
segeln 35, 99, 123, 151
das Segelschiff 151
sehen 39
die Sehenswürdigkeit 75

die Sehne 39
seicht 99
das Seil 103
die Seilbahn 103
die Seilwinde 135
der Sekretär
die Sekretärin 27
die Selbstbedienung 51
senden 59
die Sendung 59
der Senf 43
sengende Hitze 111
das Seniorenheim 15
senkrecht 103
die Sense 87
die Serpentine 103
der Server ★ 63
die Serviette 43
der Sessel 15
der Sessellift 103
sesshaft 67
die Seuche 131
der Sex ★ 47
sicher 139
die Sicherheit 103
der Sicherheitsabstand 139
der Sicherheitsgurt 139, 147
die Sicherheitskopie 63
sichern 63, 103
der Siedepunkt 119
die Siedlung 15, 67
das Siegel 71
siegen 35

der Sieger 35
die Siegerehrung 35
die Siegerin 35
das Signal 143
das Silberfischchen 16
das Silo 87
singen 23
der Single ★ 11
sinken 99, 119, 147, 151
die Sippe 67
der Sitzplatz 143
skaten ★ 31
der Skater ★ 139
der Ski 107
Ski fahren 103
der Skilift 103
die Skipiste 103
die Skischule 103
der Skisport 35
das Skispringen 103
der Sklave 67
die Sklavin
der Skorpion 111
der Smog ★ 123
die SMS 59
Snowboard fahren ★ 103
das Sofa 15

S

S

der Streik

S

die Tarantel

das Überschallflugzeug

das Verkehrschaos

wasser-
scheu

der Wasserdruck 99, 119
der Wasserfall 103, 119
der Wasserfloh 95
das Wasserflugzeug 147
der Wasserhahn 119
die Wasserkraft 119
das Wasserkraftwerk 103
der Wasserkreislauf 79, 119
der Wasserlauf 95
der Wasserläufer 95
die Wasserleitung 119, 135
die Wasserlinsen (Mz.) 95
das Wasserloch 111
wasserlöslich 119
der Wassermangel 111
die Wasserpest 95
die Wasserpflanze 95, 99
die Wasserprobe 131
die Wasserqualität 95, 131
das Wasserrad 119, 135
die Wasserreinigung 119
wasserscheu 119
das Wasserschutzgebiet 119
der Wasserspiegel 119
der Wassersport 119
die Wasserstelle 111
die Wasserstraße 119
der Wassertropfen 119
der Wasserturm 119
die Wasseruhr 119
der Wasserverbrauch 119
die Wasserversorgung 119
der Wasservorrat 119
das Wasserwerk 119
wässrig 119
das Watt 99
der Wattwurm 99
das WC 119
die Webseite ★ 63
das Wechselgeld 51
wechselhaft 127
wechseln 51, 55
wedeln 19
der Wegezoll 71
wehtun 39
wehen 127
die Wehen (Mz.) 47
der Wehrturm 71
das Weibchen 19
weiblich 47
die Weiche 143
die Weide 87, 95
der Weiher 95
weinen 39
weiß
weit 107
die Weite 107
der Weitsprung 35
der Weizen 87
welk 111
die Welle 99, 151
der Wellenkamm 96

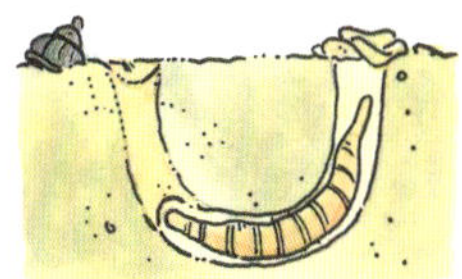

der
Watt-
wurm

der Wellensittich 19
das Wellental 96
der Welpe 19
das Weltall 79, 147
der Weltraumfahrer 147
die Weltraumfahrerin 147
das Weltraumteleskop 76
der Weltrekord 35
die Weltumsegelung 151
die Werbung 51
werfen 35
die Werft 151
die Werkstatt 27
das Werkzeug 27, 67
das Wertpapier 55
der Westen 79
das Wetter 79, 127, 147
der Wetterballon 127
der Wetterbericht 127
der Wetterdienst 127

W

der Wühltisch

Viele Wörter, die wir täglich verwenden, kommen eigentlich aus dem Englischen.

Findest du all diese Wörter und Wort-bestandteile in der Liste? ★

20 Wer bestimmt eigentlich, was gelernt wird? Damit alle Schüler in einem Bundesland dasselbe lernen, gibt es sogenannte Lehr- bzw. Bildungspläne, die von dem Kultusministerium des Landes zusammengestellt werden. Die Lehrer müssen sich an diese Vorgaben halten.

20 Wie gehts weiter? Ɩ1 Ƨ2 Ɛ3 ᔭ4. Es geht in Einerschritten aufwärts. Jede Zahl wird zweimal aufgeführt: einmal „normal“ und einmal, direkt nebendran, in Spiegelschrift.

28 Warum haben Kinder früher viel öfter draußen gespielt? Es gibt sicher mehrere Gründe dafür, warum Kinder früher öfter im Freien gespielt haben. Zum einen waren die Wohnungen und Häuser meist viel kleiner und es gab für Kinder kaum Platz zum Spielen. Zum anderen war das Angebot an Spielzeug nicht so groß wie heute. Die Kinder mussten ihr Spielzeug in der Natur selbst finden und erfinden. Außerdem gab es nur wenig Verkehr auf den Straßen. Deshalb war das Spielen draußen auch nicht so gefährlich wie heute.

40 Schon mal drüber nachgedacht, warum Schnellesser langsamer satt werden? Unser Körper meldet dem Gehirn erst einige Zeit, nachdem wir gegessen haben, dass er satt ist. Schnellesser essen so schnell und gierig, dass sie dieses Signal nicht wahrnehmen. Erst wenn sie Bauchweh bekommen, spüren sie, dass sie zu viel gegessen haben.

40 Schon mal drüber nachgedacht, warum man bei Süßigkeiten auch mal nein sagen sollte? Süßigkeiten bestehen fast ausschließlich aus Zucker. Zucker aber liefert dem Körper keine Vitamine, Mineralstoffe oder Spurenelemente. Übermäßiger Verzehr kann zu Übergewicht führen und die Entstehung von Karies begünstigen. Deshalb ist es besser, statt Schokolade einen Apfel zu essen. Der schmeckt auch süß und ist gesund.

40 Schon mal drüber nachgedacht, warum Mehl dunkel oder hell sein kann? Die Farbe hängt von der Menge der Getreideschalen im Mehl ab. Ist der Anteil der Schalen gering, sieht das Mehl sehr hell aus. Das ist aber nicht unbedingt gut, denn die gesunden Mineralstoffe stecken hauptsächlich in der Schale.

56 Können die Telefonnummern irgendwann ausgehen? Nein, die Telefonnummern können nicht ausgehen. Es gibt nämlich unendlich viele Zahlenkombinationen. Reichen die meist 6-stelligen Rufnummern nicht mehr aus, wird einfach eine weitere Ziffer angehängt.

56 Entziffere die SMS-Botschaft! Die Botschaft auf dem Handy lautet: „Ich liebe dich“.

64 Wer erfand die Fußbodenheizung? Fußbodenheizungen waren bereits in der römischen Antike verbreitet. Schon damals hatten einige Häuser einen doppelten Boden. Durch den Hohlraum zwischen den Böden strömte Luft, die zuvor erhitzt worden war.

72 Schon mal drüber nachgedacht, was in diesen Ämtern gemacht wird? Da die Ämter nicht überall gleich aufgebaut sind, erkundigst du dich am besten direkt bei deiner Gemeinde!

80 Findest du das Tier, das den Gartenbewohnern gefährlich werden kann? Die Katze.

84 Findest du die Spur dieser Lebensmittel zurück auf den Bauernhof? Spaghetti: Getreide, Eier. Pizza: Getreide, Eier, Tomaten, Milch, Fleisch vom Rind oder Schwein. Pommes: Kartoffeln. Salami: Rind oder Schwein. Apfelsaft: Äpfel. Sonnenblumenöl: Sonnenblumenkerne.

84 Warum stammen die meisten Eier im Supermarkt aus Käfighaltung? Supermärkte versuchen ihre Waren so günstig wie möglich einzukaufen. Dies schaffen sie, indem sie einem Bauern möglichst viele Eier abnehmen. Ein Bauer kann aber nur eine Vielzahl an Eiern anbieten, wenn er auch viele Hühner besitzt. Um Platz zu sparen, werden Hühner deshalb oft, nicht gerade artgerecht, in Käfigen gehalten.

84 Schon mal drüber nachgedacht, warum es in den meisten Sprachen ein Wort für Mehl gibt? Fast alle Menschen essen ein für ihre Kultur typisches Brot, das aus Mehl gemacht wird. In Frankreich isst man z.B. gern Baguette und in der Türkei Fladenbrot.

92 Warum kann der Wasserläufer auf dem Wasser laufen? Die Wasseroberfläche verhält sich wie eine elastische Haut. Da der Wasserläufer sehr leicht ist und sein Gewicht auf seine langen Beine gut verteilt, kann er auf dem Wasser laufen.

96 Warum wird genau geregelt, wie viel gefischt werden darf? Gesetze und internationale Abkommen regulieren die Fischerei, um eine Überfischung der Gewässer zu vermeiden.

108 Die Bewohner der Wüstenregionen trinken meist heißen Tee. Warum? Die Wüstenbewohner trinken nicht, wie erwartet, kaltes Wasser, sondern heißen Tee, da man bei Hitze stärker schwitzt, wenn man kalte Getränke zu sich nimmt.

124 Wer macht eigentlich das Wetter? Luft (Wind), Sonne (Temperatur) und Wasser (Niederschlag) bestimmen das Wetter.

128 Erkundige dich, was in der Agenda 21 steht. „Was zu tun ist" heißt „agenda" wörtlich, „21" steht für das 21. Jahrhundert. Regierungsvertreter aus vielen Ländern haben gemeinsam Vorschläge erarbeitet, wie man unseren Planeten retten, die Erde grün und bewohnbar erhalten und mehr Gerechtigkeit zwischen den Menschen schaffen kann. Die Agenda 21 betont ausdrücklich, dass Kinder beteiligt werden sollen, wenn es um wichtige Entscheidungen für ihre Zukunft geht.

136 Sind das Fußgänger? Ja, alle diese Personen sind Fußgänger. Generell sollten alle, die einen Gehweg benutzen, sich so bewegen, dass niemand gefährdet wird.

136 In welchem Land gibt es die meisten Fahrradfahrer? In China. Dort gibt es ca. 1,25 Milliarden Einwohner. Die Straßen sind so voll, dass man mit dem Fahrrad am schnellsten vorankommt. Außerdem können sich viele Chinesen kein anderes Fahrzeug leisten.

140 Schon mal drüber nachgedacht, wie eine Dampflokomotive funktioniert? Der Heizer erhitzt mit einem Kohlefeuer das Wasser im Wasserkessel. Dabei entsteht Wasserdampf. Dieser drückt einen Kolben im Zylinder abwechselnd nach vorne und hinten. Mithilfe des Gestänges wird die hin- und hergehende Bewegung in eine drehende umgewandelt. Die Räder drehen sich.